RECIT VERITABLE DE LA GLORIEVSE MORT DE VINGT ET SIX CHREstiens mis en Croix.

Par commandement du Roy du Iappon, le 5. de Feurier 1597. desquels les six estoyent Religieux de l'ordre S. François, les trois de la Compagnie de IESVS, les 17. autres Chrestiens Iapponnois.

Enuoyé par le Pere Louys Froïs, le 15. de Mars au R. Pere Claude Aquauiua General de ladite Compagnie, & mis en François par le Pere Iean de Bordes Bordelois de la mesme Compagnie.

A PARIS,

Chez CLAVDE CHAPPELET, ruë S. Iaques à la Licorne.

M. DCIIII.

A MON REVEREND PERE LE P. CLAVDE AQVAVIVA GENERAL DE la Compagnie de IESVS.

LE fruict, qui s'est faict en la cõuersion des Gẽtils, & qu'on a recueilly cultiuant ce champ Chrestien, à esté escrit à vostre Paternité és lettres annuelles, qui vont auec ce nauire; par les mesmes vous aurez aduis de l'estat du Iappon, depuis dixhuict mois. Auec elles encore va vne autre particuliere lettre de l'arriuée de Mõseigneur l'Euesque Dõ Pierre Martinez, laquelle traicte des occupations, qu'il a euës exerçãt sa charge pastorale, & de son voyage vers Taïcosama Roy du Iappon, qu'il a visité; bref de tout ce qu'il a faict iusques à present en ces pays, pour l'ayde de ce siẽ trouppeau. Mais comme les affaires du Iappon, quãd ils semblẽt passer plus tranquillement, se changent volontiers en vn clin d'œil, & ſont troublez par diuerſes tempeſtes, & bouraſques inopinées: Il y eſt arriué de nouueau vne perſecutiõ, qu'on auoit preueu & redouté long temps y a. C'eſt celle, dont nous traicterons maintenant, enſemble de la mort glorieuſe de vingt & ſix perſonnes, par le commandement du Roy mis en croix, partie pour auoir preſché le S. Euangile, partie pour eſtre Chreſtiens. Auquel recit, ce qui plus nous ſera deuãt les yeux, ſera la pure & ſimple verité du faict: Laquelle eſt en l'hiſtoire non ſeulement l'ornement principal, mais auſſi le fondemẽt neceſſaire, ſur lequel elle porte. Parquoy i'eſcriray ſeulement, ce que i'ay apprins de ceux qui furent preſens, tant à Meaco, ou la perſecutiõ cõmança; qu'à Nangazaqui, ou la ſentẽce de mort fut executée. Les vns d'iceux ſont de noſtre Compagnie, les autres Seculiers; & tous dignes de foy; deſquels tant de bouche, que par lettre nous auõs eu informatiõs aſſeurées, & par le menu, de tout ce que i'en diray icy. I'ay diuisé ce narré en diuers chapitres, & pour euiter l'ennuy que la longeur a couſtume d'apporter, & pour pouuoir racõpter nõ moins cõmodement, que diſtinctement pluſieurs particularitez de grande conſolation, & edification, aduenues en ceſte tempeſte.

De l'eſtat des Chreſtiens du Iappon, auant ceſte perſecution, & des occaſions, dont elle print ſa ſource.

CHAP. I.

POVR mieux entendre le commencement, & les cauſes, dõt ſourdit ceſte nouuelle perſecution. Il faut ſçauoir, que quand Taicoſama nous bannit de ſon Royaume, il peut auoir dix ans, à raiſon que nous preſchions la loy Euangelique, nous commandant de partir du Iappon à peine de la vie. Il fut reſolu par le Pere Vice-prouincial de l'aduis des autres Peres, que ne pouuant abandonner en tel temps les Chreſtiens, aucun de nous ne ſortit : Toutesfois pour ceder aucunement à l'indignation du Roy, & nonobſtant faire quelque compte de ſon commandement, à fin que par ce moyen on deſtournaſt le mal, menaçant les Seigneurs, qui nous tenoyẽt en leurs terres, Il ordonna que nous n'allaſſions plus auec les soutanes & manteaux, mais auec certaines robbes longues & biẽ seantes, dont les Iapponois vsent, quand ils quittent le monde à leur mode : & qu'en ceste façon nous poursuiuissions à cultiuer le Christianisme comme deuant. Car si le Roy fut venu à sçauoir, que nous demeurions au Iappon en ceste façon, il l'auroit peut estre dissimulé voyant bien par là que nous portions respect à son Edict. Ce fut encores la cause, pourquoy se bastissant à Meaco vne de nos residences & vne autre à Ozaca, esquelles quatre Peres & six de nos freres residoyent, nous n'y feismes point d'Eglises publiques, mais seulement des Chappelles retirées pour y dire Messe, & administrer les Sacremens, auec vne salle sur le deuant pour y traicter ordinairement auec les suruenans. Auec telle moderation & preuoyance, & ayans bruit d'estre cachez, nous nous sommes maintenus iusques à present, & le nombre des Chrestiens s'est tellement accreu en ces dix ans, que plus de soixante cinq mille personnes (comme on peut recueillir des lettres precedentes) ont receu le Sainct Baptesme, sans compter les petits enfans, qui naiſſans des Peres Chreſtiens, ont eſté baptizez. Si eſt-ce que le Roy ſçauoit fort bien, que nous eſtions tous au Iappon, & ſe contentoit de nous voir ainſi retirez, n'oſant nous deſcouurir pour tranſgreſſeurs de ſes commandemens. Voire il y a quatre ans que voyant combien de profit porte à ſon Royaume le Nauire des Portugais, qui vient tous les ans de la Chine: & qu'en leur endroict les Peres peuuent beaucoup, comme ceux qui leur preſchent & les dirigent en leurs affaires: & qui finalement ſont cauſe, que la trafficque entre eux & les Iapponois s'entretient en paix & repos; Il confirma le congé, qu'il nous auoit donné deux ans auoit à la requeſte du Pere Viſiteur, de pouuoir demeurer dix Peres en Nangazaqui, pour l'amour du Nauire tant ſeulement: Adiouſtant tout de frais, qu'ils peuſſent encores y rebaſtir l'Egliſe qu'il auoit luy meſme vn an deuant faict mettre à terre, & permettant de plus, comme en ſigne de reconciliation auec nous, qu'vn de nos Peres le viſitaſt, lequel il accueillit auec honneur. Parquoy en comptant les dix, auſquels il donna permiſſion d'eſtre à Nangazaqui, nous ſommes au Iappon cent trente quatre de la Compagnie, auec aſſez de repos, ayant cours par pluſieurs Prouinces d'iceluy ſemant la parole de Dieu, aydant les Chreſtiens par noz functions,& moderant la ferueur, ſelon que le temps la portoit. Nos Superieurs ayāt plus à cœur comme bien vniuerſel, la conſeruation de ceſte Egliſe plantée auec tant de trauaux & auec nō moindres difficultez entretenuë, que le gouſt & contentemēt particulier, que nous ſentiriōs à reſpādre le ſang pour l'amour de Dieu. Car il ſemble en fin que ce ſeroit choſe moins difficile de mourir vne fois tendant le col à l'eſpée, que mourir tous les iours par tant de dangers angoiſſeux, en conſeruant & augmentāt le nombre des Chreſtiēs. Or tel eſtoit l'eſtat de ce Chriſtianiſme, lors que de Manile ville principale des Philippines, quatre Peres de S. François appellez pied-deſchaux vindrent auec tiltre d'Ambaſſadeurs, que le gouuerneur de ces Iſles enuoyoit au Roy du Iappon. Ces Peres furent receus par le Roy auec tout l'accueil cōuenable aux Ambaſſadeurs, mais à la fin il leur dict, qu'ils s'en pourroiēt bien retourner aux

Philippines, pource qu'il ne vouloit pas, que nostre loy se dilatast dans son Empire, & qu'à raison de ce il auoit mesme bãny ceux de la Compagnie, & leur auoit seulement octroyé pour l'amour du nauire Chinois, que quelques vns d'eux en petit nombre se peussent tenir à Nangazaqui. Mais luy estant derechef representé par lesdicts Peres, qu'il pleust au moins à son Altesse leur donner congé, comme à estrangers, de veoir les grandeurs & magnificences de Meaco, à fin qu'ils les peussent raconter quand ils seroyent de retour en leurs pays: Taicosama respondit, comme homme plein de vanité, qu'il en estoit bien fort content, & si leur feroit encore pourueoir de tout ce qui seroit necessaire pour leur entretien. Auec ce congé ils s'en vont vers Meaco, où pendant quelques mois ils s'entretindrẽt chez vn cheualier Payen, qui les fauorisoit auec vn sien amy, pour auoir esté cause tous deux que ces Religieux vinssent au Iappon. Ce temps s'estant ainsi coulé, les Peres, à cause qu'ils enduroyent beaucoup d'incommoditez dans le logis, demanderent vn peu de place pour y bastir vne maison. On leur fit present d'vn lieu plus commode, à tel si toutesfois qu'ils ne prescheroyẽt point le Sainct Euangile. Mais tost apres auec l'aide de quelques Chrestiens, ils edifierent fort hardiment vne Eglise, sans que pour les en detourner (cela leur sembloit estre au plus grand honneur de Dieu) les conseils des amis fussent bastãs, qui descouuroyent assez, que les bons Peres n'auoyent pas congé de bastir d'Eglise, & que leur pouuant suffire vne Chapelle cõmode & retirée, cela ne seruiroit que d'irriter Taicosama venant vne fois à ses oreilles. Cecy faict ils commẽcerent encore dés aussi tost à prescher publiquement, & tout en mesme sorte, que s'ils en eussent eu plein pouuoir, esmeus sans faute d'vn bon desir & zele d'aider ces pauures ames, & peut estre enflammez de l'exemple des cinq bien-heureux Peres du mesme Ordre, lesquels d'vn courage incroyable, preschans en Afrique la verité de nostre Seigneur, furent en fin martyrisez des mains propres du Miramolin Roy de Marroc. Or les nostres voyans, que ce faisant ils mettoyent en danger, non seulement eux mesmes: mais aussi la Compagnie, & les autres Chreſtiens : & que c'eſtoit à peu pres vouloir mettre en riſque en vn inſtant tout ce qu'on auoit acquis à la ſueur de tãt d'années, ils repreſenterent aux ſuſdits Peres, ainſi q̃ le deuoir de charité les y obligeoit qu'il leur pleuſt conſiderer bien, ſi en ce temps & pendant la prohibition faicte de par le Roy, il eſtoit bon de preſcher ainſi ouuertement, meſmes pour deſir du martyre : & eſtant cauſe que Taicoſama excitaſt vne nouuelle perſecution contre les Chreſtiens de Meaco, qui eſtoyent en grãd nombre & gens d'honneur, mais encores nouueaux. Ce qui plus que probablement eſtoit pour arriuer, s'il luy eſtoit rapporté, qu'on ne reſpectaſt aucunemẽt ſon Edict. Le meſme leur fut remonſtré par les deux Cheualiers, qui les auoyent conduits de Manile, meus de leur intereſt propre, craignans qu'iceux ne fuſſent cauſe, que le Roy leur feit trancher la teſte pour les auoir menez en ſon Royaume. Voire les principaux Seigneurs & les gouuerneurs meſmes de la Cour les en aduiſerent auſſi à l'amiable, pource que telle façon de faire, diſoyent ils, eſtoit extraordinaire & inaccouſtumée au Iappon. L'occaſion de ceste rumeur ne donna pas peu d'accroissement à la ferueur de la conuersion qui se faisoit des gens de toutes qualitez, que les nostres catechisoiēt & baptisoiēt dans Meaco. Dequoy se prenoyent bien garde les Gouuerneurs : mais voyant d'autte part le respect que nous rendions auec tout cela aux Magistrats & puissanse seculiere, ils fermoyent les yeux nous ramenteuans par fois tout doucement, d'estre sur noz gardes en noz façons de proceder, & en la conuersion des Chrestiens. Ceste-cy fut la premiere cause de cest orage. La seconde & non moins importante, fut vn Medecin du Roy, nommé Iacuin Epicurien celebre, & ennemy capital de toutes loix diuines & humaines, particulierement de celles, qui s'opposent à la chair & sensualité auec plus de rigueur. Le Diable print cest homme pour instrumēt de toute la nouuelle persecution, ainsi qu'il auoit aussi esté dix ans a de la precedente, sans qu'il laissast iamais depuis eschapper cōmodité quelconque de nous machiner & au Christianisme quelque perte ou ruine. La faueur du Roy, aupres duquel il peut beaucoup, augmenta la hardiesse à c'este sienne meſchante volonté, enſemble les grands moyens qu'il a de pluſieurs riches preſens que ſans ceſſe on luy fait. Il ſe nourrit en ceſte haine d'vne ialouſie, qu'il a de la ſecte qu'il profeſſe, quoy que feintement, pour auoir eſté Bonze. Parquoy il fait deſſein d'employer bonne partie de ſes biens à rebaſtir vn lieu deſtruit par Nabunanga, qu'on nomme Figenoiama loin de Meaco ſeize mille; ou par le paſſé y auoit grand nombre de temples, & de Bonzes. Ainſi fabriquant des nouueaux edifices au diable, de peur que l'Euangile ſe dilatant, les menſonges des ſectes Iapponnoiſes ne viennent à eſtre conuaincuës & diſſipées par la verité : ceſte haine cruelle, qu'il nous porte, va touſiours croiſſant de plus en plus, & prenãt racine en ſon cœur. Or les Peres de Sainct François procedant d'vn coſté tout à deſcouuert, comme dict eſt ; & de l'autre pluſieurs receuans le Sainct Bapteſme par nos mains, & generalement ſe ſentãt en tout le mõde ie ne ſçay qu'elle pieuſe diſpoſition vers noſtre ſaincte foy, Iacuin attiſé & enflammé par celuy qui touſiours porte enuie à noſtre bien, ne peut plus porter le poiſon, qui luy rongeoit le cœur, & partant ſans perdre l'occaſion, qu'il auoit de ſi long temps ſouhaittée, le voila qui accuſe les Chreſtiens vers le Roy, ce qui ne fut pas peu de dommage.

La troiſieſme cauſe fut telle, l'année paſsée 1596. au Royaume de Tozza, qui eſt vne des trois plus grãdes Iſles du Iappon, où n'eſt encores entrée la parolle de Dieu, vn Nauire qui alloit des Philippines à la nouuelle Eſpagne, autrement dite le Mexique, aborda à ceſte Iſle emporté d'vn furieux fortunal, ſans maſt, ſans gouuernail, & en vn mot tout brizé des grands coups de la tempeſte precedente. A peine eſtoit-il arriué, que le Seigneur du lieu en eſcriuit ſoudain, & donna aduis à Taicoſama, le luy deſcriuant tout plein de marchãdiſe & richeſſes. Le Roy ne laiſſant pas eſchapper des griffes vne ſi belle proye, depeſche quant & quant vn des quatre principaux Regens de ſa Cour appellé Gemonogio pour recognoiſtre ledit Nauire, & ſaiſir tout ce qu'il portoit au nom de la Chambre Royale. Car l'ancienne couſtume du Iappon eſt telle, que tout vaiſſeau qui eſt ietté à la coſte & fait naufrage, ſoit au pouuoir du Seigneur du lieu. Gemonogio y alla, & ayant executé à Tozza la charge qu'il auoit, retourna auec le butin vers Taicosama tout à poinct comme Iacuin acheuoit de faire vn tres-mauuais office contre tous les Chrestiens. Par ainsi suruenant encore cest autre Ministre d'iniquité & accumulans nouueaux soupçons & vne fausse information de ceux, que le Nauire portoit particulierement, qu'il y auoit dedãs quelques Religieux, qui sous pretexte de prescher leur foy, venoient cõme espiõs des Princes Chrestiens : il donna par ces siens discours la derniere secousse à la volonté du Roy ja esbranlée & penchante, pour descharger toute la rage sur les fidelles Chrestiens. Mais le Pere celeste, comme amiable protecteur des affligez pour son nom, ausquels il ne defaut oncques au besoin, voyant l'appareil de la persecution, qui deuoit tost ensuiure, disposa par sa commune prouidence, qui range doucement toute chose, que l'Euesque du Iappon allast ce mesme temps à Meaco consoler ceste Eglise par sa presence, & auec le S. Sacrement de Confirmation la corroborer contre toute sorte d'ennemis & d'assauts, & à la verité on voit sensiblement vne force nouuelle és ames Chreſtiennes, & vne viue ferueur de la Foy, comme le diſcours de l'hiſtoire nous fera voir. Voire telle & ſi grande fut la deuotion des Chreſtiens à receuoir ledit S. Sacremẽt de Cõfirmation, que iour ny nuict on ne laiſſa repoſer le bon Prelat : tel eſtoit le concours du peuple, qui pour ce abordoit en foule vers luy de diuers & loingtains quartiers. Les aduertiſſemens qu'on leur donnoit de ne faire point bruit, que le Roy ou ſes plus affectionnez ſentiſſent, ne peurent eſtre ſuffiſans : en ſorte que l'Eueſque fut contrainct de partir de la Cour tout au plus toſt : neantmoins ceſte ferueur ne ſe peut tellement couurir, que le Medecin n'en ſentit la fumée. Ce qui luy ſubminiſtra matiere de faire plus grand bruit aux aureilles de Taicoſama. Ce furent icy les trois poincts principaux deſquels print ſource & origine la tribulation qui deſbonda en fin dãs Meaco le 8. Decembre, comme nous dirons au Chapitre ſuiuãt, quoy que le bruit n'en vint point à Nangazaqui, iuſques au 26. dudict mois feſte de Sainct Iean l'Euangeliſte. La premiere nouuelle qu'on en eut, fut des lettres de quelques marchands de Sacay, leſquels donnoyent aduis à leurs facteurs audict lieu, qu'ils ſe haſtaſſent d'achepter la marchandiſe du Nauire Chinois : d'autant qu'il y auoit grande apparence, qu'iceluy ne reuiendroit pas l'année d'apres, attendu le grand courroux du Roy contre les Peres, & qu'il auoit deſia commandé, qu'on leur couppaſt le nez, & les aureilles, iuſticiaſt ceux qui demeuroient à Meaco, & chaſſaſt tous les autres hors du Iappon. Les lettres ne diſoyent pas clairement, ſi la cholere du Roy eſtoit contre les Noſtres, ou cõtre les Peres de Sainct François, demeurans eux & nous dans Meaco. A cauſe dequoy nous reſtaſmes pluſieurs iours en ſuſpẽs auec beaucoup d'ennuy, & de ſollicitude ayant tandis recours à l'oraiſon, & aux Saincts Sacrifices, iuſques au xiiij. Ianuier de l'an nonante ſept. Et quoy que cependãt autres lettres vinſſent de la part de diuers Chreſtiens, qui mandoient pour nous conſoler que ceux de la Compagnie n'eſtoyent pas comprins en ce decret: Neantmoins les Noſtres de Nangazaqui n'eurent point l'eſprit en repos, que les lettres de Meaco n'arriuaſſent. Elles vindrent le xxvij. du mois ſuſdict, & vn de nos Freres nous en porta puis apres de plus fresches, venant exprez de la part du P. Organtin, afin que comme tesmoing de veuë, il peust raconter par le menu, ce qui s'estoit passé iusques à lors.

Quand & comment la persecution commença.

CHAP. II.

L'Euesque estant party d'Ozaca, le 7. Decembre, & ayant fait six mille par eau, fut contraint par le vent de s'arrester à l'emboucheure attendant temps propice. Il n'y feit pas grand arrest, pour autant que le lendemain matin iour de la Conception immaculée de la tres-pure mere de Dieu, s'estant leué vn bon vent & le cours de la mer estant fauorable, il feit voile vers Nangazaqui. Plustost que l'Euesque partist le Pere Organtin & autres des Nostres estoient venus à Ozaca le visiter & receuoir sa saincte benediction, & y estoient encore pour lors. Le lendemain matin iour de la Conception, Paul Ochinda, cousin de Cinnagodono Seigneur de trois Royaumes, les vint trouuer à leur logis, & rapporta au Pere Organtin que certain autre Medecin visitant vn sien cousin malade, luy auoit fait le discours, qui s'ensuit selon que Iacuin l'auoit, vn peu deuant tenu en sa presence auec Ciunagodono. Les Chrestiens, disoit Iacuin, ainsi que i'entens, procedent auec beaucoup de liberté & de licence, les Peres augmentans le Christianisme comme il leur plaist. Ce n'est pas petit preiudice, ains chose insupportable du tout, & qui touche de trop prez & au vif. Car le Royaume du Iappon est consacré aux Dieux Camis & Fotoques. Or comme i'estois à l'airte, & aux aguets, espiant quelque bonne occasion de les accuser au Roy, afin qu'il les punit seuerement; voila que tout à propos vne belle commodité s'en est presentée, que ie n'ay pas laissé escouler: ains sans delay ay remonstré & dit le tout au Roy: bien est vray qu'il estoit si embarassé d'affaires qu'il n'a pas esté fort attentif à ce que ie luy disois, & n'a rien respondu à la proposition que ie luy faisois. Mais ie retourneray bien pour la seconde fois à luy en tenir propos, & croy qu'il les chastiera comme il faut. Car ie vous iure en verité que i'ay extremement ceste loy en horreur. Ce fut le discours de Iacuin, que le Medecin raconta à Paul Ochinda, comme nous disions: & adiousta ledit Medecin, qu'il estoit fort marry, que Iacuin eut fait ce mauuais office aux Chrestiens, pource qu'il auoit force amis parmy eux, & pria soudain Sachindono mesme de se garder, puis qu'il estoit Chrestien. Le P. Organtin ayant eu telle nouuelle, enuoya soudain vn de nos freres au logis du Sieur Ioseph frere du Sieur Augustin, qui estoit en Ozaca, pour apprendre de luy, si on n'auoit point parlé des Nostres au Roy. Lequel faisant responce, qu'il n'en sçauoit rien, ce frere luy recita ce que Sachindono auoit dit au P. Organtin. Il peut bien estre, repliqua le Sieur Ioseph pource que Iacuin me dict vn de ces iours, que pensant aux affaires de mon frere Augustin, il estoit grandement desplaisant, qu'iceluy ayant seruy le Roy en affaires si importans, cõme braue Capitaine qu'il estoit, lors que ses fatigues deuoyent estre recompensees du Roy, elles eussent si mauuais succez contre l'attente de tout le monde, & qu'il tenoit pour certain que rien n'estoit cause de cecy, que l'obstination & durté de mon frere, à ne vouloir renier Iesus-Christ, ains faire plus de conte de l'Euangile que des Dieux Iappõnois, par punition desquels tous ses seruices des années passées, estoyent à vau-l'eau.

Le mesme iour sur le tard le Sieur Ioseph retournant du Chasteau vint à nostre maison, ou deuisant à l'accoustumée auec les Peres, voicy arriuer vn Page Chrestien de Farimandono gouuerneur d'Ozaca qui venoit aduiser les Nostres du cõmandement, que son maistre auoit donné à vn seruiteur de chercher le logis des Peres, & d'y mettre bonne & seure garde; pour autant que le Roy luy auoit dit vn peu auparauant, qu'il leur vouloit à tous oster la vie. A ces paroles le Sieur Ioseph ne peut tenir les larmes, mais voyant qu'il falloit bien prendre autre party, il cõmença à coniurer importunément les Nostres, de partir du logis, auãt que les Officiers de Farimãdono vinssent & de se retirer en quelque lieu à part, iusques à tant qu'on sceut plus clairement l'intention du Roy. Monsieur (luy dit le P. Organtin) tout nostre desir, & nostre gloire est d'endurer quelque affront, que ce-ſoit, & la mort meſmes pour preſcher la parole de Ieſus-Chriſt noſtre Sauueur. Parquoy nous ſommes preſts à toute heure de ſouffrir mille morts pour l'amour de ce Seigneur, que nous ſeruons, comme auſſi pour le bien des Chreſtiẽs, pour le ſalut deſquels nous ſommes par tant de dangers venus icy de ſi loingtain pays. Vous ſemble-il donc, que nous deuions maintenãt fuyr la mort, en nous cachant, lors que noſtre Seigneur daigne nous l'ẽuoyer pour vne cauſe ſi ſaincte & glorieuſe, qui nous fuyoit auparauant tant plus nous la ſouhaitions? Mais le Sieur Ioeph & autres Chreſtiens faiſoient d'autant plus grande inſtance, qu'ils ſortiſſent de là, à cauſe que ſi les Officiers de Pharimãdono euſſent trouué quatre Peres enſemble, & l'euſſent rapporté au Roy, il ſ'en fut fort reſſenty, & non moins indigné cõtre les Noſtres, que contre tous les autres Chreſtiens. Car le Roy ſ'imaginoit, qu'en tout le Royaume de Meaco il n'y auoit qu'vn bon vieux Pere. Parquoy les Peres euſſent eſté accuſez de contumace, puis que contre l'Edict exprez ils ſe trouuoiẽt en Ozaca. Les Noſtres conuaincus de ces taiſons furent contraints de s'en partir: le Pere Organtin auec le Pere François Rodrigues ſ'en allãt à la maiſon du Sieur Auguſtin, & le Pere Moregeon auec le Pere François, chez monſieur Sachendono. Or comme le P. Organtin eſtoit au logis du Sieur Auguſtin, il luy vint en memoire qu'entre les Pages de leans il y en auoit vn, qui eſtoit parent d'vn Muſicien, lequel pour eſtre fort aggreable au Roy, demeuroit touſiours pres de luy: Il enuoya donc ce Page à la maiſon du Muſicien pour apprendre de luy toute la verité du fait. Le Page ſ'y en va, & ce ſien parent luy aſſeure, que ce qu'il luy demãdoit, eſtoit trop vray, & que le Roy l'auoit dit ainſi, n'y auoit gueres. L'occaſion en eſtant telle. Ce iourd'huy, dit le Muſicien, Gemonogio eſt reuenu de Tozza, & a aporté la liſte de tout ce qui eſt dans le Nauire. Entre autres choſes qu'il a dit au Roy, ç'a eſté que tous ceux du Nauire eſtoyent Chreſtiens & pluſieurs Religieux, & qu'il eſtoit à raiſon de ce d'autant plus ſuſpect, qu'il portoit peu de marchandiſe, mais force armes, & autres inſtruments de guerre. (Ce qu'il ſemble auoir dit, afin de cacher ſous ce manteau l'iniustice qu'il auoit commise en leuant ce qui luy auoit pleu) toutesfois Taicosama plein de rage respõdit à ceste occasion, qu'il l'auoit bien tousiours dit ainsi, & qu'il estoit fort mauuais que la Loy Chrestienne se publiast & preschast au Iappon : mais que luy l'ayant prohibée, Fascegaua ce nonobstant auoit fauory les Peres venus des Philippines, & leur auoit permis de prescher ceste loy, & bastir vne Eglise contre ses inhibitions & deffences. Vn fils de Fascegaua, qui suiuoit la Cour nommé Vsioio, estoit lors present à cecy, lequel pour excuser son Pere dict ainsi : Vostre Altesse a raison voirement, & parce que mon Pere iugeoit aussi, que tout ce que ces Peres faisoyent, estoit pour vous des-agréer, il les a plusieurs fois aduertis de cesser de prescher. Mais pource qu'ils ne se sont pas souciez de ses aduertissemens, il a fait vn roolle de tous leurs adherans & fauteurs. Non seulement ceux des Philippines, repliqua le Roy, preschent ceste loy deffenduë, mais encores autres, & entre tous vn vieillard. (Il vouloit dire le P. Organtin) demeurant en ceste Cour, sous couleur de guerir quelques infirmitez siennes,

baptize

baptize comme l'on m'a faict entendre. Pour certain les vns & les autres la payeront aux despens de leur vie, & ie feray iusticier ceux de Nangazaqui. Cicigendono se rencontra à cecy, & desireux d'adoucir la cholere du Roy, ne faillit de s'encourager, & luy dire humblement. C'est bien dict, à vostre Maiesté, mais auec tout cela, ie la supplie de vouloir vser pour ce coup de benignité & clemence vers les Peres leur pardonnant la vie. Puis qu'il vous semble bon, respõdit Taicosama, i'en feray mourir cinq ou dix: les autres, apres leur auoir couppé le nez & les aureilles, & les auoir menez honteusement par ville sur des charrettes, seront renuoyez en leur pays. Et se tournant vers Vsioio luy dit, Ceste nuict, si tost que la Lune se verra sur l'horison, va t'en à Meaco en toute diligence, & y execute tout ce que tu entẽs que ie veux. C'est icy tout ce que le Musicien susdit raconta au Page.

Mais afin qu'on entende mieux l'intention du Roy, il est à sçauoir, qu'és quartiers de Meaco, principalement les Nostres ont tousiours tasché de conuertir la Noblesse, pource que ceste-cy gaignée, il est aisé d'auoir le reste. Dequoy Iacuin se prenāt garde, il creut que ce fut vn stratageme pour cōquerir le Iappon, plustost que pour procurer le salut des ames. Car comme nous auons touché cy dessus, il la tient pour vn songe suiuant ses dogmes, & croit sottement & impiement le miserable, que l'ame humaine finit auec le corps, ainsi que celle des bestes brutes, & qu'à cest autre effect & non à cestui-cy nous estiōs venus de l'Europe. Auec le mesme soupçon, accreu encores de la diligence, que Iuste Vcondono faisoit d'exciter la noblesse au S. Baptesme, auant nostre exil il auoit inculqué cecy au Roy par plusieurs fois: lequel ne monstroit pour lors s'en soucier beaucoup. Mais depuis qu'estant venu aux Royaumes de Scima contre le Roy de Sasuma, il veit que plusieurs Seigneurs auec leur suite estoyent Chrestiens, & qu'il y auoit entre eux vne grande vnion & concorde, & non moindre respect & affection vers les Peres, il se ressouuint de ce, dont Iacuin luy auoit souuent remply les aureilles, & se persuada faussement que dilatāt la Saincte Foy, nous pouuions porter vn grand dommage à son Empire. Qui est la cauſe de l'auerſiõ, qu'il nous mõſtre, non point quelque haine de noſtre loy ne zele qu'il ait des idoles. Car il eſt trop notoire qu'il ſe ſoucie peu des Camis & Fotoques, qu'on nomme en Iapponnois: & tiẽt pour certain, ce qui eſt faux, que l'autre vie n'eſt qu'vne pure fãtaſie des hommes: & par cõſequent que les loix cõcernantes icelle, ſont pures inuentions humaines, pour gouuerner l'eſtat, à ce que par la crainte du ſupplice en l'autre vie on mette le frein aux appetits deſordonnez des meſchãs. Ce nonobſtãt Taicoſama cõſiderãt que par la demeure des Noſtres au Iappon le commerce des Portugois ſe maintenoit, & ſ'eſtãt informé, cõme ils traictoyent & conuerſoyent auec toute franchiſe & candeur, ſans aucun deſſeing ambitieux d'autres conqueſtes que des ames. Finalement meu de l'Ambaſſade du P. Viſiteur à luy enuoyée eſtãt pour lors Cabacondono, de par le Vice-Roy des Indes Orientales, il y a quelque année, il tempera aucunement ſon courroux diſſimulant auec nous à meſure qu'il nous voit eſtre plus retirez & n'aller point preſchant auec toute liberté, ains qu'en cela nous mõſtrions, du moins à l'exterieur, porter quelque respect à ses Edicts.

Mais voyant puis apres que d'autres Religieux venoyent successiuement des Philippines auec tiltre d'ambassadeurs, & qu'ils s'arrestoient dãs le Iappon preschant la loy qu'il auoit deffendue, informé encores des Iapponnois traffiquans à Manille, comme les Espagnols auoient de nostre temps subiugué de nouueaux Royaumes, il se confirma en son vieux soupçon, cuidant que les Peres venoyent traicter, & apprester la conqueste du Iappon. C'est donc cecy, dequoy il eut tousiours quelque ombrage.

Maintenant pour retourner, d'où nous sommes partis, la sentence du Roy estant ainsi rapportée par le Page au P. Orgãtin plusieurs Chrestiens, qui s'y trouuerent presens estoyent d'aduis, que les Peres se cachassent, & qu'aux Officiers de Taicosama venant les chercher on donnast à entendre, qu'ils s'en estoyent allez à Nãgazaqui en cõpagnie de l'Euesque : mais le Pere pour les en esclaircir, & resoudre en vn mot; Quant à ce, dit-il, qui touche les autres Peres, qu'ils prẽnent hardimẽt tel party qu'ils voudront, pour moy ie ſçay bien ce qui conuient à ceſte mienne vieilleſſe. Il y a vingt & tant d'ans que i'eſleue & maintiens la Chreſtienté de ces quartiets de Meaco, maintenant, qu'il eſt temps de paroiſtre, voulez-vous que ie me cache coüardement & l'abandonne à ſon plus grand beſoin? Ia Dieu ne plaiſe, ie ne ferois pas ce que ie dois à l'honneur diuin, & ne ſatisferois pas à l'obligation, que i'ay à la Compagnie. Parquoy moyennant l'aide de Dieu, ie m'en vay demain à Meaco pour eſtre mis en Croix, où du moins pour auoir le nez & les aureilles couppées. Qu'ils faſſent de moy, comme d'vn Predicateur de l'Euangile, ſelon qu'il leur plaira. Le Pere Rodrigues voyant cecy, ſe reſolut en toute façon de l'accompagner, & courir la meſme fortune. La Compagnie admira vne ſi grande vertu, propre à la verité de courages religieux, & approuua vne tant belle reſolution. Ainſi ces Peres entrerent tous deux en vne chambre, ou eſtoit auec pluſieurs Dames Madame Iuſte femme du Sieur Auguſtin, que le Pere Organtin auoit long temps a baptizée. Icelle oyant, que le Pere venoit prendre congé d'elle, ſ'en allant mourir à Meaco, ſentit ſi grand' douleur, que fondant toute en larmes & ſanglots, elle ne peut dire vn ſeul mot. Mais le Pere la confortant, luy fit, comme il eſtoit bien conuenable, vne exhortation pleine de charité, l'animant auec ſes Compagnes à la conſtance quoy qu'aduint.

Vous euſſiez veu ces bons Chreſtiens, les ieunes, pour la grande affection que comme à vn Pere ſi ancien, ils luy portoyent, ſe prendre à ſa robbe; les autres monſtrer au viſage la triſteſſe, qui leur ſerroit le cœur : & les autres finalement auec amers gemiſſemens pouſſer hors la douleur, qu'ils ſentoyent. Il y en eut de plus courageux, qui ſ'offrirent à l'accompagner & ſembloyent dire de cœur, *Eamus & nos, & moriamur cum illo*, allons nous auſſi, & mourons auec luy. Doncques le Pere ſ'eſtant desfaict de ceſte maiſon, ſ'en retourna à la noſtre, & feit ſoudain appeller les deux autres Peres qui eſtoyẽt au logis du Sieur Sachendono, & en peu de mots leur diſcourant ce qu'il auroit apprins, & ſa reſolution apres les auoir embraſſez tendrement, lendemain 9. de Decembre ſ'en alla vers Meaco auec le Pere Rodrigues, noſtre frere Paul Amacuſa, & quelques Chreſtiens. Ce deſpart apporta aux autres fidelles d'Ozaca triſteſſe d'vne part, pour ſe voir priuez de leur bõ Pere, ſans eſpoir de le iamais plus voir en ceſte vie. De l'autre, allegreſſe; leur ſemblant que par ce moyen noſtre Seigneur leur vouloit faire grace de la couronne plus illuſtre, que la bonté diuine donne à ſes ſoldats. Les deux Peres auec Paul Michy noſtre frere & quelques autres Ohreſtiens, qui reſterent en Ozaca ſe confeſſans generalement ſ'appareilloyent au meſme, donnant ordre enſemblement à ſauuer les ornements de l'Egliſe, & quelques petits meubles de maiſon, quand voicy vne nouuelle qui arriue, que le courroux du Roy eſtoit ſeulement contre les Peres deſchaux. Le meſme ſoir on ouyt de plus que les Officiers de Farimãdono eſtoient allez à la maiſon deſdicts Peres, & en y auoient trouué ſeulemẽt vn appellé Martin de l'Aſcenſion, qui eſtoit ceſte meſme année venu des Philippines. Ils prindrent donc en eſcrit le nom dudict Martin, & d'vn autre Chreſtien, qui les aidoit aux Meſſes, & de deux autres enfans, & y laiſſant des gardes ſ'en vindrent à noſtre reſidence. Vn Chreſtien leur alla au deuant, nommé André Ongazauara, accõpagné de quelques autres, diſant que ceſte maiſon eſtoit ſienne, bien qu'il euſt preſté au Pere Iean Rodrigues truchement de ſon Alteſſe quelques chambres d'icelle, ou logeoit l'Eueſque paſſant par Ozaca, & que pour lors n'y auoit leans que trois perſonnes: à ſçauoir noſtre frere Paul Michy, vn autre qni ſeruoit les Noſtres, & le troiſieſme qui auoit ſoing de la maiſon. Ils ne firent point mention des deux autres Peres qui y eſtoient, quoy que deuant que les Officiers vinſſent, ils euſſent faict grande inſtance à André & ſes Compagnons, de les laiſſer comparoiſtre pour eſtre auec les autres enrollez en vne ſi heureuſe liſte: d'autant que ſi Taicoſama eſtoit reſolu de leur oſter la vie, c'euſt eſté peine perdue de ſe cacher, adiouſtans qu'encores à ceſt effect le P. Organtin les auoit laiſſez là, mais les ſuſdits Chreſtiens ne voulurent point cõdeſcendre à telles prieres, & par ainſi nommant ſeulement les trois ſuſdits, deſpecherent les Officiers du Gouuerneur, leſquels ſe partant firent commandement aux voiſins de garder le logis.

La nuict suiuant le Sieur Sachendono vint à nostre maison auec vn autre Gentilhomme Chrestien, & deux autres qui menoient deux cheuaux resolus de prendre par force les deux Peres, & les enuoyer à Sacay, distãt neuf mille d'Ozaca, iusques à ce que ceste furie fut passée : & ne se fians point des seruitenrs en faict si important, ils vouloient eux mesmes seruir nos Peres à les accompagner.

Les nostres resisterent à cecy viuemẽt, remonstrans entre autres choses, qu'endurer tel outrage pour nostre Seigneur estoit s'acquerir vne gloire eternelle, & que tout exprez pour mourir en telle occasion, ils auoyent laissé leurs parties. En outre, que si le Roy les vouloit auoir entre ses mains, il n'y auoit puissance humaine, qui les en peut garantir. Et pourtant sortir de ce logis, ne seruiroit que de mettre en peine, & ceux qui les retireroyent, & ceux qui aideroyẽt à leur fuite.

A ces paroles les susdits Religieux furent esmeuz tellement, qu'enflammez du zele de l'honneur de Dieu, ils promirent de ne mãquer tant soit peu à la foy, qu'ils deuoient à Dieu, faisant à toute occurrence demonstration de vrais Chreſtiens: Ce nonobſtant qu'ils ne ſçauroyent iamais ſouffrir, que les Peres ſ'arreſtaſſent là depuis qu'on ſçauroit que la perſecution eſtoit particulierement contre les Peres de S. François, & que l'arreſt des Noſtres en ceſte maiſon ne ſeruiroit, qu'à prouoquer le Roy à plus grand courroux contre tous les Péres & Chreſtiens du Iappon. Pourtant qu'il n'eſtoit pas ſelon la droicte raiſon, pour le bien particulier de deux, ou trois mettre en danger le bien commun de tout ce Chriſtianiſme. En fin redoublant auec les raiſons leurs prieres ils forcerent les Peres de ſuiure leur aduis; auec tel ſi, toutesfois que quand on ſçauroit pour certain, que Taicoſama feroit mourir les Peres pour l'amour de l'Euãgile, ils auoient ſans autre à ſemonſtrer publiquement, & s'offrir à la mort, en quelque part qu'ils fuſſent. Là deſſus (imitant S. Paul lequel en ſemblable accident ſe laiſſa deſcendre des murs de Damas par ſes freres dãs vn panier) ils ſortirent de leans mõtant ſur les cheuaux que ces Seigneurs auoyent menez, leſquels ils vouloyent, quoy que ce fut accompagner à beau pied portant encores au col leurs robbes, qui ſeruent de manteaux au Iappon, & les breuiaires iusques à Sacay, d'où quelques iours apres ils se retirerent à Ozaca.

De ce qui arriua cependant à Meaco, & Fuscimo.

CHAP. III.

SI tost que le Pere Organtin eut receu l'aduertissement du Page de Farimãdono touchant le commãdement de son maistre, il depescha vn Chrestien expres à Meaco, pour en aduertir nos deux freres, qui estoient en ceste residence. Iacuin arriuant le lendemain 9, de Decembre sur le midy, leur donna ceste triste nouuelle : mais ils la prindrent pour tresioyeuse, & s'encourageans l'vn l'autre se preparerent à tout euenement, & firent sçauoir le tout au Seigneur Iuste Vcondono & à quelques autres Chrestiens, qui vindrent incontinent chez nous pour y attendre auec nos freres vne mort si honorable. En peu de temps le nombre d'iceux s'accreut beaucoup, à cause que le bruit s'espandant parmy les Chrestiens, auec sainctes & mutuelles exhortations, ils venoient nous trouuer en grād' haste.

Cependant vn de ces deux des Nostres esmeu de la charité du prochain, le dommage duquel le pressoit plus que le sien propre, & se prenant garde, qu'en tels accidens plusieurs secrets souuent se descouurent par le moyen des lettres, & partant qu'il estoit bien à craindre, que les gens de la Iustice trouuant quelque lettre chez nous, ne descouurissent plusieurs personnes d'importance, qui s'estoyent secrettement baptizez; Il feit recercher diligemment toutes les lettres qui estoient escrites aux Nostres par les seculiers, & les ietta au feu: Tantost apres ils eurent aduis, que Gibonosco l'vn des Regens de la Cour, qui a l'administration du bas Meaco (ou est nostre residence) auoit fait mettre les gardes à la maison des Peres de Sainct François, lesquels habitoient aussi en Meaco.

Tandis que cecy se passoit à Meaco, le Pere Organtin au mesme iour 9. de Decembre arriua trois mille pres de Meaco, & par l'aduis des Chrestiens enuoya deuant Paul Amacusa pour sçauoir en quel poinct la chose estoit, s'arrestant là pour en attendre des nouuelles. Paul ayant parlé à diuers Chreſtiens s'en retourna vers le Pere, luy dict ce qu'il auoit apprins ; à ſçauoir qu'il ſembloit que la cholere du Roy fuſt plus contre les Peres de Sainct François que cõtre les noſtres, & partant qu'il n'eſtoit que bon, que ſa Reuerence s'entretinſt vn peu là, iuſques à ce qu'on veit, comme l'affaire reüſſiroit.

Ce fut lors que les aſſauts des Chreſtiens ſe renouuellerent, pour faire que le Pere non ſeulement s'arreſtat à ceſte occaſion, encore qu'il conſideraſt le grand beſoin que tous auoyent de luy en telle aduerſité ; luy propoſant les moyens & commoditez de ſe cacher. Mais le bon Pere qui deſiroit bien autre choſe que viure, les reietta tous en diſant. Ou ceſte nouuelle furie s'eſt eſmeuë contre nous, ou non : ſi ce n'eſt contre nous, qu'eſt-il beſoin de craindre d'aller auant : ſi c'eſt contre nous, doibs-ie me cacher, & fuyr comme vn mercenaire ? Cecy ne ſe peut accommoder auec mõ deſir, qui eſt d'expoſer comme paſteur Euangelique ma vie & mon ſang pour la gloire, & exemple du troupeau de noſtre Seigneur. En outre, ſi le Roy me faict rechercher, qu'elle si secrette cauerne pourroit estre iamais au Iappon, où ie ne sois en fin retrouué? Ie sçay bien voirement, que ces conseils prouiennent de l'affection que voz charitez me portent, à raison dequoy ie me contenteray pour le present de remercier leur bonne volonté. Il adiousta à cecy d'autres raisons, par lesquelles il prouuoit, que c'estoit le temps, auquel il falloit pour le seruice de Dieu, pour l'honneur de nostre Loy tres saincte, & pour le bien de la Chrestienté, que les Peres desployassent la baniere de IESVS CHRIST, & se descouurissent tout à faict pour Predicateurs de la doctrine, qu'iceluy nous porta du ciel en terre. Et la, il n'y auoit crainte, ou couardise qui les en deut retarder, ce desir estant si aggreable à la diuine Majesté. Par ces raisons le Pere Organtin s'efforça d'oster de l'esprit de ces Chrestiens tout le soing & pensement qu'ils auoyēt de racheter sa vie, puis que tout n'eut seruy, qu'à fuyr le martyre, que nostre Seigneur luy offroit par vne faueur speciale. Ce neantmoins il leur accorda qu'il ne paroistroit en public, ny feroit bruict, qu'on n'eust du Roy asseurée reſolution ſur cecy; auec ceſte modification les Chreſtiens reſterent contents.

Le meſme iour Vſioio vint à Meaco de la part du Roy, pour mettre en eſcrit les Chreſtiens, qui fauoriſoyent les Peres de S. François, & ſans delay commença à faire perquiſition & prendre les noms de tous les Chreſtiens qui eſtoyēt à Meaco, le premier deſquels fut le Seigneur Iuſte Vcondono, qui pour le preſent y faict ſa demeure. Ce faict voyant que les gardes eſtoyent ia poſées à la maiſon deſdicts Peres par commandement de Gibonoſcio, & non à la noſtre, s'en va trouuer Gibonoſcio meſmes, & luy dict: Si vous auez faict mettre garde au logis de ceux là, pource qu'ils preſchent leur loy: le meſme ſe doit faire à l'endroit des Peres de la Compagnie, pource qu'ils ſont tachez de meſme faute. Et pour mieux le luy perſuader luy nomma certaines perſonnes de marque, que les noſtres auoyēt baptizés, aſſeurant qu'ils preſchoyent & baptizoyēt plus, que les Peres des Philippines. Les raiſons qui faiſoyent pretendre cecy à Vſioio eſtoyent deux. La premiere que les noſtres ſe trouuās coulpables, la faute qui ſe mettoit ſus aux Peres de S. François, si faute y auoit, venoit par ce moyen à s'amoindrir. La seconde, pource que son Pere estant leur Protecteur, il luy sembloit n'estre pas à sa reputation, ains luy tourner à grand deshonneur si ceux-cy estoyent chastiez par vne faute qui ne fut nullement punie aux nostres. De plus, il luy presenta la liste, qu'il auoit faite des Chrestiens, & le requit de faire pareillement mettre à tous des gardes, disant que si aucun s'en fuyoit, descouurant à quelle fin on auoit prins son nom, le Roy l'auoit attribué à sa paresse. Certainemẽt ce fut prouidence de Dieu, que Vfioio escriuit ces Chrestiẽs sans en auoir aduisé Gibonoscio. Car estant gouuerneur de Meaco, il luy sembloit qu'Vfioio ne se deuoit point mesler de chose appartenante à son gouuernement, sans le luy faire sçauoir plustost : Et ce d'autãt plus, qu'il estoit inferieur à luy. Parquoy il s'en offença grandemẽt, se sentant touché trop au vif, à cause que c'estoit vn poinct d'honneur & de iurisdiction. De là vint qu'il tenta toutes voyes pour desfaire tout ce que l'autre auoit faict: & luy respondit auec grosses paroles ; vous ne sçauez que vous dictes, & n'entendez la volonté du Roy. Car sa Majesté ne pretend point que tous les Chrestiens meurent, seroit faire vn carnage de trop grãd nombre d'hommes: Et puis, sçauez vous bien qui est Chrestien, & qui ne l'est pas? Car il y en a force auiourd'huy de secrets, en sorte que ie ne sçay si vous l'estes, ny vous aussi; si ie le suis. Attant ne venez plus, comme cela, vsant de telles impertinences.

Gibonoscio ne s'appaisa pas pour cela, mais passant outre adiousta. He! pourquoy auez vous mis cestui-cy en ce roolle (c'estoit le Sieur Iuste qui estoit tout le beau premier.) C'est peut estre chose nouuelle, qu'il soit Chrestien? Ne sçauons nous pas qu'il n'y a pas encor dix ans que le Roy mesme dans Facata luy fit dire, qu'il renonçast le Baptesme, & fut pour le faire mourir. Iceluy n'en voulant rien faire; toutesfois pour tant de seruices, qu'il auoit faict au Roy, la vie luy fut pardonnée, son estat ayant esté confisqué auec ses biens: Ce qui est à vn tel personnage que luy, tout autant, que luy oster la vie. Mais depuis tout cela ne sçauõs nous point, que le Roy plusieurs fois en signe de bien-vueillance l'a veu volontiers deuant ſoy? Qu'elle nouuelle eſt-ce de dire au Roy derechef, que Iuſte eſt Chreſtien? Ie ne ſouffriray iamais cela, ny ne trouueray bon tel conſeil. Il n'y a point de propos de mettre garde à la maiſon des Peres de la Compagnie, c'eſt le logis du truchement de ſon Alteſſe, qui eſt pour le preſent à Nangazaqui. Il eſt vray, reſpond Vſioio, que c'eſt la demeure de ce Pere, mais il y en habite touſiours d'autres, qui vont preſchant leur loy, & parce il vous faut faire le meſme à ceſte reſidence, que vous auez faict à celle de ceux de S. François. Gibonoſcio n'eut manque de replicque en noſtre faueur, & partant mit fin à tout cela faiſant entendre aſſez clairement, que Taicoſama luy ayant mis en main le Gouuernement de Meaco, & commis l'execution de ceſte iuſtice, Vſioio s'en pouuoit aller à la bõne heure. Car dit-il, ie ſçay & entens bien ce qu'il faut faire. A ces paroles ſans repliquer, & tout confus & couuert de honte, Vſioio s'en retourna chez ſoy.

Le iour ſuiuant x. Decembre, Gibonoſcio repenſant à ceſt affaire plus attentiuement, & d'vn eſprit moins obſtiné, iugea qu'il falloit faire poser garde encores à nostre maison, plus par cerimonie, que par voye de iustice. Car iaçoit que le iour precedent il eut ainsi reprins Vfioio declarant l'intention du Roy: toutesfois pour n'estre tenu pour suspect en nostre cause il estoit besoin d'en faire ainsi. Parquoy il enuoya chez nous vn nepueu d'vn lieutenãt sien, lequel arriué de la part de son oncle, demanda, qui estoit dedans, & qui en auoit charge. Vn certain sortit hors & luy respondit, c'est moy auec vn autre (qui estoit vn de nos freres en ayant la charge.) Et que demandez-vous? Appellez vostre compagnon, repliqua-il. Car ie luy veux parler. Ce frere vint, & auec vn visage allegre selon sa coustume, le salua. Le ieune homme luy dict lors. Monsieur le Lieutenant enuoye mettre garde à ce logis par commandement de Gibonoscio. Mais pour ce que vous m'auez mine d'homme de bien, & que ne me tromperez pas, il ne me semble pas necessaire; tellement que suffira de donner charge aux voisins, qu'ils y ayent l'œil. Ainsi ayant prins le nom de nostre frere auec son compagnõ, s'en alla faisant commandemẽt aux voiſins de garder ce logis. Ils eſtoyent cinq des noſtres, qui demeuroient leans, mais Dieu voulut, que pour lors il ne s'y en trouuaſt qu'vn ſeul, qui fut mis en eſcrit: vn autre s'en eſtoit allé chez vn voiſin, ou diſcourant feruemment du martyre auec certains Seigneurs, & ſatisfaiſant aux doubtes ſur ceſte matiere propoſez par ces Chreſtiens, pendant qu'il les encourageoit a vn ſi glorieux combat, il perdit pour lors, Dieu le voulant ainſi par ſa prouidence, la grace d'eſtre enroollé parmy les cheualiers de Ieſus-Chriſt. Trois autres auſſi ſe trouuãt occupez en diuers affaires furent pour ceſte fois exclus du martyre. Ce neantmoins ceux-cy oyans que ces autres deux auoient eſté mis ſur le liure, monſtrerent bien combien ils eſtoient deſplaiſans de n'auoir eſté ſi fortunez. Car vn deux pouſsé d'vne ſaincte enuie demanda au nom de tous au pere Organtin s'ils feroient bien d'aller d'eux meſmes donner leur nom par eſcrit au gouuerneur. Le pere reſpõdit qu'ils euſſent vn peu de patiẽce, a cauſe que la raiſon qui mouuoit le Roy a ceſte executiõ n'eſtoit encore certaine : & que ſi c'eſtoit pour confeſſer la foy ſaincte, non ſeulement eux mais tout chacun des noſtres auroit faict a l'enuy pour remporter vne ſi noble Coronne. Mais ſi par fortune c'euſt eſté pour cauſe du Nauire de Tozza, il ſeroit beſoin d'vne deliberatiõ plus meure. Auec cela nos freres ſuſdits furent cõtents. Les voiſins obeiſſans au commandemẽt du Lieutenãt mirent les gardes à noſtre maiſon : mais comme cela leur auoit eſté cõmandé froidement, auſſi froidement ils l'executerent. Car y tenãs de iour vn ou deux hommes, & de nuict quelques autres de plus, auec l'eſpee & la picque ſeulemẽt, ils ſe porterent enuers les noſtres fort courtoiſement. Ce meſme iour le Roy eſtant à Fuſcino & auec luy Gibonoſcio & Gemonegio, tous deux gouuerneurs de Meaco, ceſtuy-cy du haut & celuy-la du bas, Faſcigaua y eſtant auſſi auec Vſioio ſon fils, & pluſieurs autres il commença à reprendre les deux Gouuerneurs de la trop grande liberté & licence, auec laquelle les Peres des Philippines & les noſtres auoiẽt preſché la loy Chreſtiẽne contre ſa prohibition, & donné le Bapteſme à force gens. Les Gouuerneurs pour ſe deſcharger, & par meſme moyen ſe vẽger de Faſcigaua

& Vsioio, qui estoyent ceux qui disoyent que les nostres auoyent baptizé force gens respondirent que la chose n'estoit pas ainsi, quãt aux Peres de la Cõpagnie: mais bien pour ceux de S. François, & qu'elle leur auoit tousiours semblé fort estrange. C'est pourquoy ils les auoyent souuẽt aduertis, mais en vain, eux se souciants bien peu de tous leurs aduertissemens disant, qu'ils auoyent congé de sa Majesté, obtenu par le moyen de Fascigaua, dequoy y auoit bien grande apparence puis qu'il les auoit en protection: & partant qu'ils en auoyent aussi laissé toute la charge à Fascigaua. Mais quant à ceux de la Compagnie, qu'ils sçauoyent qu'ils ne contreuenoyent pas à l'Edict de sa Majesté, pource que plusieurs fois ils en auoyent fait exacte recherche, & n'en auoyent iamais descouuert rien. Pour preuue de ce, biẽ qu'il fut faux, & aduancé seulement pour se iustifier, Gibonoscio tira vne lettre enuoyée de Tarazanãdono gouuerneur de Nangazaqui, où il luy escriuoit, qu'en ces quartiers de son gouuernemẽt ceux de la Compagnie estoyent fort aduisez & reseruez, quant au faict de la Religion. Le Roy s'estant faict lire la lettre fut fort content des noſtres, qui eſtoient en ce pays-là, eſtimãt que le P. Organtin fut celuy, qui eut faict cõtre la loy, ainſi que Facigaua & Vſioio le luy auoient dict, & Tarazanãdono ſembloit ſignifier par ſa lettre en ces termes. En ce qui me touche, ie ſuis fort vigilant de ne permettre, que l'Euangile faſſe progrez. C'eſt vous, autres qui eſtes en cela pareſſeux les laiſſant faire pardelà. Mais les gouuerneurs nierent, ce qui en ceſte lettre faiſoit contre eux, & approuuerent ce qui eſtoit pour eux; de ſorte que nous deſchargeant, ils ietterent toute la faute (car ils nommoient ainſi impiement le ſainct deſir d'eſtendre & ſemer la parole de Dieu) ſur les Peres de S. François, tant pour ſe deffendre eux meſmes comme nous diſions, & en rendre coulpables Facigaua, & Vſioio, que meſmement pour s'eſtre reſolus d'accuſer leſdicts Peres & les faire chaſſer hors du Iappon.

La cauſe, qui meut Tarazanandono à eſcrire la ſuſdite lettre, fut que ſe retrouuant en Cour l'année paſsée, & voyant que les Peres de S. François preſchoient librement & baptizoient, il luy ſembla, que le Roy ſeroit pour le ſçauoir, y en ayant aucun des plus grãds ſur le poinct de les accuſer : dequoy il ne pouuoit arriuer aux noſtres, que fort grãd dommage. Parquoy il tenta, pour l'amour qu'il nous porte, de remedier au danger qui nous menaçoit, aduiſant leſdicts Peres, qu'ils prinſſent garde à ce qu'ils faiſoiẽt. Mais voyant que cecy ne ſuffiſoit pas, il voulut eſcrire ceſte lettre, & l'enuoyer à Gibonoſcio, à ce qu'à quelque bonne occaſion il la monſtrat au Roy: laquelle luy eſtant lors offerte, il ne manqua auſſi de la faire veoir à ſa Majeſté.

L'onzieſme enſuyuãt du meſme mois le Roy ſe trouuant à viſiter le baſtiment de ſon Palais, appella Gibonoſcio, & luy commanda de faire mourir tous les Peres: lequel reſpondit, que ſeroit executé ſans delay, tout ce que ſa Majeſté commandoit: & auec ce s'en partit. Or il vint en penſée à vn Iapponois, qui auoit eſté lors preſent, d'en aduiſer vne ſiẽne grãd' Mere Chreſtienne, appellée Marie; craignant que ceſte punition ne luy tombaſt ſus. (Car les Gentils ne ſçauent pas faire diſtinction entre les Peres, & les Chreſtiens, les appelant tous Peres) & ſoudain en eſcriuit la nouuelle à Fuſcimo, ou elle

eſtoit

estoit trois lieuës loing de Meaco. La lettre estoit telle. Ce iourd'huy, le Roy estant à son bastiment, a commandé par grand cholere, que tous les Peres fussent iusticiez, & qu'il n'en eschappast pas vn seul. I'ay grand pitié de vous, qui estes Chrestienne, & parce vous en donne aduis par la presente.

La courageuse Dame ne se troubla point à ceste nouuelle, ains d'vn visage ioyeux en remercia Dieu, & auec vn cœur inuincible se prepara à vne couronne si precieuse, & tant pour soy que pour vne sienne fille adoptiue d'enuiron dix ans, appellée Grace, qu'elle tenoit auec soy, & cõme vraye Mere luy desiroit le vray biẽ, elle prepara quelques habits, qui leur estoyent necessaires pour l'honnesteté, & decẽce quãd elles seroiẽt mises en Croix. Certainement elle ne monstra pas seulement en cecy la frãchise de son courage, mais encore procura soigneusemẽt, que ce sien desir sortist son effect, dont elle dist ces mots à quelques Chrestiens, qui estoyent la. Ie suis preste à mourir pour nostre S. Foy: mais d'autant que ie suis femme, de qui naturellement le cœur est volontiers poureux, ie ne sçay si voyant les armes nuës ie perdray courage. Parquoy ie vous demande instamment ceste grace, que vous ne souffriez cela nullement en moy, ains que voire par force & m'entrainant vous me meniez aux bourreaux, affin que ie meure martyre auec les autres.

La mesme Dame Marie voulant esprouuer apres, si le desir que Grace monstroit de mourir auec elle estoit ferme ou bien quelque ferueur d'enfant, luy dist qu'elle la vouloit rẽuoyer à son pere, qui demeuroit en vne antre ville, pour l'esloigner ainsi de tout danger. A ces paroles la ieune Damoiselle cõmença à pleurer, disant: He comment! ne suis-ie pas baptizée? Certes si les Chrestiens sont mis à mort, ie veux mourir aussi. De ceste responce Marie ne cogneut pas seulemẽt la constance de Grace, mais en receut encores vn extreme contentement. Mais puis apres le pere enuoyant à bon escient pour ramener sa fille iamais il ne fut possible de la separer de Marie. Telle force a la grace celeste dans vn cœur, quoy que tendre en ayant vne fois prins la possession.

Paul Amacusa s'estoit par cas fortuit

trouué present quãd ceste lettre fut renduë, & l'ayant prise en main s'en alla au lieu ou l'autre frere des nostres estoit, comme auons dit, discourãt du martyre auec quelques Seigneurs, & l'ayant tiré a part, luy dist la nouuelle, qui venoit de Fuscimo partant s'il luy sembloit que les Chrestiens, qui n'en sçauoient encore rien fussent si disposez, que de ne s'en troubler point, il la leur pouuoit dire, autrement non. Laissez m'en le soing, respondit le frere, d'autant que ie leur insinueray petit à petit si dextrement, que les craintifs n'en seront point retardez, ny l'ardeur des feruents refroidy. Ains ie feray, que tous en seront plus ardẽts. Paul le laissãt auec cela s'en retourna vers les Peres, qui estoiẽt en vne autre maison, & leur donna les mesmes nouuelles. Ce faict y ayant embrassé noz Peres & freres non sans larmes de tous, s'en alla demeurer chez nous ou les gardes estoient posées, & tous estoiẽt attendans que les officiers de la Iustice vinssent à leur oster la vie. Il sembla bon au P. Organtin de donner aduis de tout au P. Vice-Prouincial, & par ainsi luy escriuit la lettre suiuante.

Ceste lettre, que maintenant nous escriuons à vostre Reuerence est pleine d'vne grande & vniuerselle ioye, tant pour elle, que pour Mouseigneur l'Euesque, & autres de nostre compagnie. Hier sur le tard fut portée de Fuscino vne lettre, à Marie de Ciuan, qu'vn sien nepueu luy escriuoit : dans laquelle il disoit, que le mesme iour le Roy auoit commandé à Gibonoscio de faire mourir tous les peres. Paul Amacusa nostre frere venant auec vne allegresse extraordinaire nous apporter ceste nouuelle, & entrant au logis nous dist. En fin mes peres & freres bien aymez l'heure est arriuée que nous desirions tant, d'espandre le sang pour le Seigneur, qui pour nostre amour donna le sien. Ce que ayans ouy nous commençasmes tous auec tres-grande consolation de nous apprester interieurement : l'appareil de l'exterieur fut puis apres, de faire tirer hors de quelques quaisses, nos robbes, manteaux & surpellis auec les estoles, pour comparoistre en tel habit à ce spectacle : comme enfans legitimes de la Compagnie vrais seruiteurs de Iesus Christ, & predicateurs de la loy diuine & la ioye que noſtre Seigneur nous communiquoit, fut ſi grande, que ie ne la pourrois d'eſcrire. Nous recognoiſſons cecy eſtre vn effect de la grace, qui nous a eſté impetrée par les cõtinuelles oraiſons & ſacrifices, que noſtre Pere General & V. R. ont ordonné eſtre en ce temps offerts à la diuine Majeſté pour ceſte Prouince. Le contentement que nous euſmes s'accreut de ce que nous viſmes en ces bons Chreſtiens vn courage reſolu à nous ſuiure tãt grãds que petits, & d'expoſer la vie pour celuy, qui auec la ſienne nous racheta. Ils doutoyent ſeulement, comme nous l'apperceuſmes en quelques vns, que Dieu ne les iugeaſt indignes d'vne palme & victoire ſi glorieuſe. Le vray champion de Ieſus Chriſt Iuſte Vcẽdono remporta le prix deſſus tous, & fut ſuiuy de pres de quelques autres braues Cheualiers, cõme des fils de Genifoin l'vn des quatre Regẽs de la Cour: voire le plus petit appellé Conſtãtin ne s'eſt peu eſloigner de nous iuſques à ceſte heure. Il y en a d'autres & pluſieurs d'iceux gens de marque, leſquels cõtinuellemẽt nous enuoyent lettres & meſſages, aſſeurant d'eſtre preſts pour nous ſecourir, comme à leurs peres & maiſtres, quand beſoin ſera. Nous attribuons la plus grande part de ſi grande ferueur en ces nouueaux Chreſtiens, au Sainct Sacrement de confirmation, que peu de iours auparauant ils ont receu, mon Seigneur l'Eueſque les eſtant venu voir. Ie ne puis icy oublier la demãde que me firẽt Iean & Iacques, qui nous ſeruent aux Meſſes, que ie les vouluſſe receuoir en la compagnie, puis qu'ils eſtoyent deliberez de ne nous abandonner point en ce danger. Ie leur reſpondis, qu'aduenãt qu'ils mouruſſent auec moy, leur condition ſeroit par trop heureuſe. Autrement que i'aurois ſoing de traiter auec V. R. touchãt leur petition. Iuſques icy eſt la lettre du Pere Organtin.

La Cité de Nara au Royaume de Iamato loing de Meaco vne iournée eſt celebre en tous ces pays pour raiſon des ſectes diaboliques, qui y fleuriſſent. A ceſte vniuerſité par commandement du pere Vice-Prouincial vn de noz freres nõmé Vincent, qui eſt l'vn des meilleurs predicateurs & Truchemẽs, qu'ayons en ces quartiers, auoit eſté pour apprendre quelques choſes qui luy manquoiẽt en l'entiere cognoiſſance des faulſes opi-

nions de la Gentilité, affin qu'a-
pres il communiquaſt le tout à noz preſcheurs, & que plus facilement on con-
uainquiſt par là les maiſtres des menſonges. Comme il eſtoit là on luy rend
ſoudain vne lettre d'vn de noz freres,
l'aduiſant que s'il deſiroit d'obtenir le
martyre auec les autres de la Compagnie, il ſe haſtaſt de venir au pluſtoſt. A
ceſt nouuelle Vincent, quoy que d'ail-
leurs puſillanime & craintif naturellement: Toutesfois ſe ſentant encourager
en vn inſtant, commença ſans dilayer de
ſe mettre en ordre pour s'en venir le lendemain matin à bõne heure, dequoy ſon
hoſte s'eſtant prins garde comme il l'ay-
moit beaucoup, commença à luy perſuader de ne retourner point à Meaco, qu'il
ne ſçeuſt pluſtoſt qu'elle yſſuë auoit eu
l'affaire eſtant vne folie trop grande de ſe
precipiter à la mort, la pouuant ayſemẽt
fuir. Ce frere le remercia de l'affection, &
taſcha de luy faire cognoiſtre, que mourir pour la loy Chreſtienne qu'il preſ-
choit non ſeulement ne luy eſtoit faſ-
cheux, mais encore luy apportoit contentement, s'eſtimant bien-heureux de
reſpandre le ſang pour elle: Et que dau-

tãt que sa professiõ estoit plus cogneuë, le blasme qu'il auroit merité, seroit plus grãd, si les autres de la Compagnie mourants, luy seul restoit caché & en vie. Parquoy si le Roy mettoit à mort les predicateurs Euangeliques il deuoit estre le premier. Finalement son hoste le voyant si constant en ceste resolution, luy presta vn cheual, & donna quelques vns qui l'accompagnassent. Le voyla donc qui part de bon matin, tellement determiné à la mort que chaque soldat qu'il rẽcontroit en chemin luy sembloit vn executeur de Iustice, qui la luy venoit apporter. En fin comme il fust arriué à vn village pres de Meaco, il renuoia le cheual & sa compagnie auec mille mercis. De là poursuiuãt son chemin il arriua à Meaco sur le soir vnziesme de Decembre, & voulant passer au trauers des gardes & aller droict chez nous, il en fut empesché par noz amis & mené comme par force, ou le P. Organtin demeuroit. Ce mesme iour la nouuelle fut apportée aux peres Cordeliers, que le Roy les auoit cõdamnez a mort. Lesquels monstrerent bien en cest accessoire, le proffit qu'ils auoient faict en l'eschole de la Saincte Religion. Car nõ ſeulement ils ne s'attriſterent point à cette nouuelle que meſme auec vne grande ioye ils s'appreſterent a receuoir la mort, & quelques Chreſtiens auec eux. Ce qui s'entendra mieux par vn poinct de la lettre, que le P. F. Pierre Baptiſte Commiſſaire des Cordeliers eſcriuit de Meaco au P. F. Auguſtin, qui eſtoit à Nangazaqui. Il eſt tel.

Nous ſommes icy enuironnez de gardes dehors & dedans, & la ſentence de mort contre noz Chreſtiens eſt ja donnée, & à ceſt effect on a prins leurs noms par eſcrit. Le premier iour, qu'ils leur mirent les gardes, ils ſe confeſſerent, de ſorte que F. François & moy fuſmes occupez toute la nuit à ouyr les confeſſions. Car vn des Chreſtiẽs plus notables nous auoit dict, que le lendemain on nous deuoit tous faire mourir. Ie dy la Meſſe auant iour, & communiay les freres auec cinquante autres Chreſtiens, eſtimant que c'eſtoit la derniere que ie diſſe. Ainſi nous nous appreſtaſmes tous prenãt des croix en main pour aller mettre la vie pour Ieſus Chriſt. Ce meſme iour deuant diſner force Iapponnois vindrent, & viſiterent tout le logis : Apres eux vint vn

Deputé de Gibonoſcio gouuerneur de Meaco, & mena auec ſoy Leon, Paul Thomas, Bonauenture & Gabriel noz preſcheurs, qu'il tient en ſa maiſon. Ie ne ſçay comme il en ira. On dict, qu'on nous mettra à mort ou nous renuoiera aux Philippines. Par la grace de noſtre Seigneur nous auons vn tres-grand deſir de donner la vie pour Ieſus Chriſt, pluſtoſt que de retourner aux Philippines. Combien que ie ne merite pas vn tel heur. Le P. F. Martin eſt de meſme courage & reſolution. Dieu ſoit beny.

Comme le Roy declara, qu'en la ſentence donnée contre les Peres, ceux de la Compagnie n'eſtoient point comprins.

CHAP. IIII.

LEs noſtres auec les autres Chreſtiens attendant d'heure a autre les Miniſtres du Roy, & auec eux la mort, noſtre Seigneur par ſes conſeils ſecrets mit au cœur de Gibonoſcio vn deſir efficace de deliurer ceux de la Compagnie par leurs diſciples. Et par ce de ſoy meſmes, sãs en auoir eſté requis ne par nous ne par autres, le douziesme Decembre il s'en alla au Roy & luy parla en ceste sorte.

Hier vostre Altesse me commãda que i'executasse tous les Peres, maintenant ie desirerois bien sçauoir de quels Peres vous l'entendez: Et si vous comprenez en ce nombre ceux encores, qui viẽnent dans les Nauires des Portugais: ensemble, sil vous plaist me faire donner la teneur du crime, qui se doibt publier. Le Roy luy respondit, ne sçais tu point que les gens qui sont venus dans le Nauire de Tozza ont subiugué à l'Hespagne le Mexique & les Philippines? Maintenant en la mesme façon pretendant de cõquester encores le Iapon on a enuoyé, deuãt ces Religieux Hespagnols pour descouurir le pays, & rassẽbler le peuple & leur prescher pour venir apres la dessus auec vne grosse & forte armée & se preualoir de leurs supposts, subornez pour la conqueste ouuerte de ces Royaumes. Il y a ja dix ans que ie prohibay ceste loy, & ceux de la Compagnie obseruent ce mien edict. Qu'elle raison donc peut auoir ceste nouuelle sorte de gens, pour venir prescher ce que ie ne veux pas, & mettre s'en dessus dessoubs mon estat? trouues-tu bon cecy?ou nõ ? Gibonoſcio reſpondit, que ſon Alteſſe auoit grande raiſon & qu'encores ce qu'il auoit dict des Peres de la Cõpagnie, eſtoit tres-veritable, adiouſtant à bel eſcient tout plein d'autres choſes pour addoucir le cœur du Roy fier cõtre noſtre cõpagnie. Ce qui luy ſucceda auſſi. Car Taicoſama mõſtra d'eſtre cõtẽt de nous, & par ainſi luy diſt. A cauſe que noſtre interprete (qui eſt le P. Iean Rodriguez comme dict eſt) ſera pour ſe reſſentir fort de ceſte nouuelle, fay luy ſçauoir de noſtre part par vn batteau expres qu'il ne ſoit plus en peine, & au vieillard, qui eſt à Meaco, qu'il aye bon courage, & ne ſe trouble point. En outre ie pardonne aux peres de Nãgazaqui, à l'Eueſque, & tous ceux, qui me vindrent au deuant en ſa compagnie. Auec ceſte reſolution Gibonoſcio s'eſtant faict quant & quant venir vn Chreſtien nõmé Iacques, luy diſt ce qui s'eſtoit paſsé auec le Roy, & luy donna charge d'aller en diligence à Meaco, & qu'ayant referé cela au P. Organtin il cõmandaſt à ſon lieutenant d'oſter les gardes de noſtre maiſon : de là que ledict Iacques s'en allaſt en Nangazaqui pour faire part au P. Iean Rodrigues, & autres de tout ce que le Roy auoit ordonné, mais cestui-cy s'excusant de ne pouuoir aller à Nangazaqui, Gibonoscio repliqua qu'il y enuoyast vn autre non moindre que luy. Car puis que c'estoit le vouloir & commandement du Roy, il ne falloit point dilayer.

Iacques estant reuenu à Meaco dit aux Peres ce que Gibonoscio luy auoit commandé. Ce qui les estõna bien fort voyãt comme la prouidence de Dieu auoit voulu mouuoir ce Gentil à parler pour nous auec le Roy. Auec cela les gardes furent incontinent leuées de nostre logis, & le Pere Organtin renuoya Iacques auec vne lettre pour remercier Gibonoscio, lequel se pleut fort de ce deuoir & recognoissance, repliquant, que les Nostres pouuoient estre en repos, & sans crainte. Ce nonobstant ceux de la Compagnie sçachant fort bien le naturel inconstant de Taicosama, ne laissoient point d'estre prests à tout euenement.

Icy quelqu'vn me pourroit demander la cause, pour laquelle le Roy ne vouloit pas comprendre aussi les Nostres en sa sentence, veu qu'ils preschoient l'Euangile, & auec tant de Colleges & residences entretenoient & aidoient en eſprit pres de trois cens mille ames. La ſolution de ce doute ſe pourra recueillir des propos du Roy tenus cy deſſus auec Gibonoſcio: Toutesfois à fin que le tout ſ'entende mieux, i'adiouſte encores; que la principale cauſe en a eſté la diſpoſition diuine, qui deſpart ſes threſors ſelon les profonds & impenetrables iugemens de ſa ſageſſe, & cognoiſſant ce qui eſt plus conuenable à l'aide & bien de ſes eſleuz, ordonne tout à ſa plus grãde gloire auec benignité paternelle. Parquoy voyant ſa diuine Majeſté que le ſemeur d'iuroye auec les accuſations ſuſdites auoit mis parmi les fidelles quelque trouble, il voulut par ſa toute puiſſante main en tirer ce bien, qu'en remunerant la bonne volonté, & trauaux des Peres Cordeliers faiſant grace du martyre à ſix d'iceux, qui eſtoiẽt és quartiers de Meaco, afin qu'auec leur ſang & de quelques autres ceſte nouuelle plante de noſtre Seigneur fuſt renduë fertile; & permettant que les autres cinq fuſſent chaſſez du Royaume; ceſte legere ſemence, & petit commencement de diſcorde ſ'eſtouffaſt, qui auroit peu ſans doute apporter grand dommage. Ce fut encore grande prouidence de Dieu, que la ſentence ne s'executaſt point contre nous. Car ſelon qu'on vit les Chreſtiens preſts generalement, & appareillez à mourir pour la Foy; & ſuiuant l'affection qu'ils monſtrerent en ce temps vers ceux de la Compagnie, ſi le Roy eut traicté les Noſtres de meſme ſorte, il eſtoit pour en ſortir vne grande reuolution, & ſouſleuement des Chreſtiens. Mais ſi nous voulons conſiderer ceſt affaire auec des yeux & des raiſons humaines, il y eut trois reſpects à mon aduis, pour leſquels Taicoſama ne voulut point ainſi proceder contre nous. Le premier fut la façon, que les Noſtres ont tenu en leurs deportemens pour ne l'offenſer point, comme dict a eſté. Ce qui l'auoit tellement adoucy que certains Seigneurs nous offrirent en leurs terres, des places pour y faire reſidences non autrement, que ſi nous euſſions eſté tout a faict reconciliez auec Taicoſama. Le ſecond fut la venue de l'Eueſque pour le viſiter auec la reſponce du Vice-Roy des Indes Orientales qui luy lia totalement les mains, comme on a ſceu, & il le dit à Gibonoſcio, lors qu'il luy declara ſa volonté, touchant la susdicte sentence. Le troisiesme fut le commerce qu'il a auec les Portugais, qu'il estime de telle importance pour le Iappon, qu'à cause de ce il donna congé aux Nostres de demeurer en Nãgazaqui, & y auoir vne Eglise. Parquoy il luy sembloit qu'il auroit faict inimitié auec eux, & contre diuorce, s'il eut procedé generalement comme nous. Ce furent donc les raisons, que le Roy dist à Gibonoscio de sa bouche propre, & en enuoya informatiõ à Tarazanãdono gouuerneur de Nangazaqui : auquel les Regens de la Cour en enuoyerẽt aussi vne autre par commandement de sa Majesté.

Bien est vray que ce qui nous ayda en cecy notablement, fut l'industrie dont se sert le Pere Vice-Prouincial à l'endroit des Seigneurs de la Cour, pour se les conseruer affectionnez & amis: lesquels puis apres nostre Seigneur, prend pour instrumens à nous fauoriser & ayder, comme on a veu en Cicigẽdono & Gibonoscio

De ce qui se passa en NangaZaqui & sa Iurisdiction, depuis que le Roy eut expliqué sa volonté.

CHAP. V.

LE Roy s'estant donné à entendre sur cest affaire, comme nous auons dict enuoya à Fazanbure Gentil & Lieutenāt en Nangazaqui de Tarazauandono son frere, luy donner aduis, que dans peu de iours il luy auroit faict mener de Meaco les Peres de S. François, afin que de Nangoia, ou il faict sa demeure, il les conduisit à Nangazaqui pour estre mis en croix. Auec le commandement arriua aussi celuy des Regens, par lequel ils l'aduertissoient de la volonté du Roy, & luy commandoiēt de ne laisser passer aucun Pere de Nangazaqui à Meaco, pour prescher l'Euangile, moins permit qu'au destroict de ce sien Gouuernement on preschast. Ces lettres receuës, Fazanbure fit appeller le substitué, le Pere Iean Rodrigues, & deux autres du mesme lieu, & leur ayāt signifié à tous le vouloir du Roy, fit commandement à deux de Nangazaqui de prohiber seuerement, qu'aucun Iappo-nois n'eust à aller à l'Eglise, & qu'on ne fit aucune assemblée de Chrestiens, ny quelconque autre chose exterieure, qui peut estre notée des Gẽtils. Puis recommanda fort au Pere Iean que les Nostres n'allassent ny çà ny là pour prescher, ny fissent autre bruit, à cause qu'autrement il estoit à craindre que le Roy ne ruinast entierement les Peres, & tous les Chrestiens. Finalement il chargea le substitué d'aduertir les trois Peres de S. François, qui demeuroient en Nangazaqui, que sans se retirer au College de la Compagnie, ils s'en allassent de ce pas au Nauire des Portugais. Car ainsi conuenoit il ausdits Peres, au Gouuerneur & à la ville. Que s'ils ne le vouloient pas faire de gré, il les y fit aller par force & priast le Capitaine de les y receuoir dedans, & si par fortune quelqu'vn d'iceux s'eschappoit, il le fist chercher, & le mist entre les mains du Seigneur du lieu, ou on l'auroit bien trouué. Le Pere Iean estant reuenu de Nangoia, informa le Pere Vice-Prouincial auec les autres de la Compagnie, de tout ce que dict est: lesquels s'en ressentoient si fort, qu'vn chacun peut l'imaginer. Parce le Pere Vice-Prouincial fut contrainct d'enuoyer vne instruction à tous les Nostres de ces quartiers, comme ils deuroient se comporter, & de la façon qu'il leur falloit tenir en aydant les Chreſtiens, & qu'ils ſe reſiouyſſent, que c'eſtoit le temps, auquel plus que iamais ils deuoient eſtre preſts à tout euenemẽt. A raiſon de ce qu'ils appliquaſſent vn bõ nombre de Meſſes, ieuſnes, & diſciplines, pour impetrer de Dieu forces, & conſtance de reſiſter virilement à l'aſſaut des ennemis. Le ſubſtitué de Fazanbure fit auſſi de ſa part, ce qui luy auoit eſté commandé touchant les Peres Cordeliers: & en outre fit vn cry, qu'à peine de la vie aucun marinier n'euſt à les ramener à terre. D'auantage le Pere Vice-Prouincial enuoya traicter auec les Seigneurs d'Arima, & d'Omura qu'ils veiſſent comme on deuoit pouruoir en ce temps à ceux des Noſtres, qui eſtoient en leurs terres. Ils reſpondirent qu'ils trouuoient bon, qu'ils s'accommodaſſent au temps, ſe tenãs vn peu plus retirez; Mais qu'ils ne laiſſaſſent pas pourtant de faire tout ce qui ſeroit beſoing, pour l'aide du Chriſtianiſme. Si ne voulut le Seigneur d'Arima, és terres duquel eſtoit le Seminaire conſentir iamais à l'eſchange, que le P. Vice-Prouincial deſſeignoit faire que ceſte maiſon de cent Seminariſtes

& plus, fut transferée à Amacusa lieu plus esloigné, & le Nouitiat de trente Nouices qui dans six mois deuoit cesser, passast d'Amacusa en ses terres, tellement qu'il ne fut oncques possible de l'oster de ceste resolution, quoy qu'elle luy fust si dangereuse: voire encore il monstra que le Seminaire luy estoit tellement recommandé, que s'en allant à Coray il ordonna à son oncle, qu'il laissoit au gouuernemẽt, que suruenant quelque nouueau commandement de Taicosama, il vit sur tout de luy sauuer le Seminaire.

Le Sieur Augustin eut quelque nouuelle confuse en Coray de ceste persecution, & pour n'en estre acertainé enuoya vers le P. vice-Prouincial, luy offrant son assistance, les autres Seigneurs des lieux circonuoisins de Nangazaqui tant Chrestiens que Gentils firent le mesme, enuoyant hommes exprez pour se condouloir auec ledit Pere, & luy presenter leur seruice en tout ce qu'ils pourroyent.

Comme de nouueau les Chrestiens qui traictoyẽt auec les Peres Cordeliers furent notez & leurs noms mis par escrit.

CHAP. VI.

APres que Gibonoſcio eut ouy la volonté du Roy, il fit venir à Fuſcimo ſon Lieutenant de Meaco, & luy commanda de faire vne liſte des Chreſtiens, qui eſtoyent familiers des Peres Cordeliers, & la luy enuoyer. Ce Lieutenant retourné à Meaco fit entendre auſdits Peres, qu'ils euſſent à luy enuoyer le nombre de ceux, qui practiquoiēt en leur maiſon. On luy en enuoya enuiron cent ſeptante, entre leſquels pluſieurs n'eſtoient de ceux que Gibonoſcio vouloit. Parquoy ce nombre ſembla grand à ſon Lieutenant, il enuoya dire derechef, qu'il ne vouloit, ſinon ceux qui traictoyent auec leſdits Peres. Par ainſi fut portée à Gibonoſcio vne liſte de quarāte ſept perſonnes, laquelle iugeant encores trop grande, il voulut qu'on demandaſt à ceux là meſme, qui eſtoient eſcrits, s'il eſtoit vray qu'ils fuſſent familiers des Peres Cordeliers, & que s'ils reſpõdoient, que non, on les rayaſt: autrement s'ils l'aduoüoyent, on les y fit ſoubſcrire de leur propre main.

Vn Officier receut du Lieutenant toutes les deux liſtes. Ie ne ſçay en quelle façon, & commença d'aller demandant vn à vn de la part de Gibonoſcio ſ'ils eſtoiēt point Chreſtiens. Les Chreſtiens penſans eſtre cherchez pour le martyre reſpondirent tous hardiment, qu'ouy, ſe ſousſignant comme eſt de couſtume au Iappon. Ce qui fut vne bien claire preuue de leur Foy, chacun qui ſe ſoubſcriuoit eſtimant fermement, qu'vn ſeul n'en eſchapperoit pas. Finalement les liſtes rapportées au Lieutenant, il en choiſit douze entre tous.

Il n'y eut rien plus, quant à ceſt affaire, iuſques au 30. Decembre. La cauſe fut, que Gibonoſcio & les autres Seigueurs de la Cour deſiroient de moyenner enuers le Roy, que les Peres de Sainct François ſeulement fuſſent exilez du Iappon. Mais le Medecin Iacuin ne pouuant endurer cela, alla le iour meſme trouuer le Roy, qui eſtoit ſur le poinct d'aller à Ozaca & luy perſuada par pluſieurs raiſons de ne dilayer plus le ſupplice des Peres des Philippines & de leurs complices. Partant le Roy enchargea derechef à Gibonoſcio d'executer la ſentence dōnée, lequel commanda dés auſſi toſt à ſon Lieutenant de mener chez ſoy priſonniers les cinq Peres de S. François auec leurs douze Diſciples, afin que les autres d'Ozaca eſtans venus le commandement du Roy ſ'effectuaſt. Les Miniſtres allerent prendre les ſuſmentionnez chez les Peres Cordeliers, & comme ils appelloiẽt ces douze vn par vn ſelõ leur roolle, en voila vn qui mãque, appellé Mathias, lequel ſeruoit de pouruoyeur auſdits Peres, & n'eſtoit pour lors au logis. Les Miniſtres commencerent à crier de toutes parts, ou eſt Mathias? que Mathias vienne. Tout ioignant la porte des Peres demeuroit vn Chreſtien de meſme nom, lequel oyant crier Mathias, ſe preſenta ſoudain aux Miniſtres, diſant. Voicy Mathias, quoy que ie ne ſois point celuy que vous cherchez, ie ſuis neantmoins Chreſtien & amy de ces Peres. Suffit, dirent les Officiers, & n'eſt pas neceſſaire de plus perdre le temps à chercher l'autre. Ainſi ils l'emmenerent. A la verité il ſemble qu'on peut bien dire d'iceluy auec vne ſaincte enuie, que *Cecidit ſors ſuper Mathiam, & annumeratus eſt cum vndecim*: & luy remerciant noſtre Seigneur, accepta ioyeuſement vn ſort ſi heureux. Ainſi l'autre Mathias ne fut plus recerché.

Le dernier iour de Decembre, venu qne fut le Roy en Ozaca, il commanda que le Pere Cordelier & ses compagnõs, qu'on detenoit là, comme dit est, fussent enuoyez à Meaco, les gardes n'estoient pas encores ostées de nostre maison d'Ozaca, à cause que le Gouuerneur pour auoir esté repris aigrement du Roy de sa paresse, & facilité à permettre tant de liberté aux Chrestiens, n'osoit pas les leuer sans son cõgé: combien qu'il eut declaré n'entendre proceder contre les Nostres. Parquoy ledit Gouuerneur se resolut d'enuoyer aussi à Meaco nostre frere Michy, auec Iacques & Iean, qui furent les deux, qu'on mit sur la liste comme dit a esté. On ne sçait si le Gouuerneur le fit pour ne sembler auoir prins quelque present des Nostres, ou bien à la sollicitation de Fascigaua son amy intime, qui vouloit que les Nostres aussi fussent punis.

Donc le premier iour de Ianuier 1597. les susdits furent menez à Meaco, ou estãs arriuez le P. Orgãtin enuoya traiter auec Gibonoscio, s'il y auroit point moyen de deliurer les Nostres, iugeant estre son deuoir de faire ceste diligence, puis qu'ils estoient

estoient restés en prison par la faute du Gouuerneur d'Ozaca & sans le sceu du Roy, voire contre son intention. Gibonoscio respondit qu'il estoit bien marry de ceste disgrace, à laquelle il ne voyoit point de remede, veu que s'il en eut parlé au Roy, qui pensoit, qu'en Ozaca n'y eut aucun des Nostres, il s'en seroit peut estre offensé grandement, & les auroit de nouueau condamnez tous à mort. Quelques Chrestiens iugeans que ces trois des Nostres mourussent contre la volonté du Roy, tenterent d'eux-mesmes de gaigner par argent vn des Officiers du Gouuerneur d'Ozaca, qui auoit Paul & ses compagnons en garde, mais nostre Seigneur, qui auoit determiné de faire ceste grace à ceux que sa sagesse auoit esleu, ne permit que leur dessein reüssit. Ainsi l'Officier susdit contre la coustume de telles gens, qui à la veuë de ces presens se rendent aisément, se monstra tousiours inexorable & dur comme vn rocher.

Le P. Organtin l'ayant sceu en reprint ces Chrestiens, afin qu'ils ne s'accoustumassent à ces traicts: combien que d'autre part il fut edifié de leur pieté. Paul encore oyant ce qui s'estoit passé à son deſceu, remercia fort noſtre Seigneur, que la choſe eut eu telle yſſue, & cõmença biẽ à bon eſcient de ſe diſpoſer, & quelques iours apres eſcriuit aux meſmes Chreſtiens ſe plaignant en ces termes de l'office qu'ils auoyent faict pour le deliurer. *C'eſt donc l'amour, que vous me portiez? eſt-il poſſible, que deuant vous reſiouir, & benir la miſericorde infinie de Dieu pour vne ſi grande grace, vous m'en vouliez ainſi priuer?*

Comme on couppa vne aureille à chacun d'eux & les conduiſit ſur des charrettes par grande ignominie.

CHAP. VII.

LE 2. iour de Ianuier ſur le veſpre, vne lettre vint de Gibonoſcio à ſon Lieutenant, par laquelle il luy cõmettoit d'executer le lendemain la volonté du Roy contre les Cordeliers & leurs cõpagnons, ſans qu'il ſe meſlaſt aucunement de ces trois de la Cõpagnie, ains qu'il les laiſſaſt entre les mains de l'officier du Gouuerneur d'Ozaca qui les auoit cõduits. Noſtre frere Paul qui deſiroit employer le peu de vie, qui luy reſtoit à preſcher la parole de Dieu, cõme il auoit fait pluſieurs années cõmença en priſon à deuiſer auec les gardes, & les priſonniers Payens, des myſteres de noſtre Foy, & auec vne ferueur particuliere de la paſſion de noſtre Sauueur & de l'excellēce du Martyre: eſquels diſcours il employoit toute la nuict auec l'eſtonnement des Auditeurs, pour l'efficace & zele de ſes paroles. Deux d'iceux ſ'eſtās conuertis promirent de receuoir le Bapteſme. Puis le matin on lia les mains derriere le dos à tous les 24. & les mena à beau pied à vne ruë de Meaco le haut, ou fut taillée vne piece de l'aureille gauche à chacun d'eux. Ce que Gibonoſcio fit faire, quoy que le Roy eut commandé, qu'on leur couppaſt les deux aureilles & le nez, peut eſtre à cauſe qu'il eſperoit encores de les deliurer. Donc les pieces d'aureilles des Noſtres iettées à terre par les bourreaux furent recueillies par vn Chreſtien appellé Victor, homme de marque, Secretaire du Gouuerneur d'Ozaca, qui les auoit accompagnez en venant, & furent portées au P. Organtin, lequel les tenant en main eſpandit force larmes, partie d'allegreſſe, partie de compaſſion en diſant. Voicy les primices de la Compagnie du Iappon, voicy le fruict de nos fatigues, les fleurs de ceſte nouuelle Eglise, que i'offre humblement au Redẽpteur, & adiousta d'autres paroles, qui esmouuoient les assistãs aux larmes.

Ayant acheué de leur tailler ainsi les aureilles : on fit monter les condamnez sur des charrettes, selon la coustume ancienne du Iappon à trois pour charrette. Les nostres estoient sur la derniere enuironnez de la garde du Gouuerneur d'Ozaca. Le peuple estoit innombrable aux ruës, aux fenestres, & encores sur les toicts, pour voir vn spectacle si nouueau de personnes, qu'on sçauoit manifestement estre innocentes. On portoit deuant les Chariots vne tablette au bout d'vne perche, ou le crime imputé estoit contenu & la sentence portée, comme il s'ensuit: *Ces hommes estans venus des Philippines à tiltre d'Ambassadeurs, & puis restez à Meaco preschant la Loy des Chrestiens, que ie prohibay seuerement les années passées : Ie veux & commande, qu'ils soyent iustitiez auec ceux du Iappon, qui se sont faits Chrestiens. Et partãt ces 24. seront mis en Croix à Nangazaquis. Or pource que ie retourne à prohiber pour l'aduenir ceste Loy, ie veux que tous sçachent cecy, & ordõne qu'il s'execute. Que si quelqu'vn est si hardy que de transgresser tel commandement, il en sera chastié luy & toute sa famille. L'an premier de Cheicio, & de l'onziesme Lune.*

Le P. Pierre Baptiste Commissaire, courageux Capitaine de ces soldats de Iesus Christ, tant pour encourager les siens, que pour consoler les autres Chrestiens venus à ce spectacle alloit preschãt à haute voix, tantost en Espagnol, tantost en Iapponois au mieux qu'il sçauoit, s'aidant de l'affectiõ & des gestes. Frere Martin & F. François alloient auec grande modestie & humilité, comme s'ils eussent esté deuãt le Tribunal de Dieu, se recommandans à sa misericorde auec grande deuotion : Mais ce qui d'vne part remplissoit les spectateurs de larmes, & de l'autre apportoit grande admiratiõ estoit de voir en ceste mõstre, trois ieunes garçons, qui seruoient les Peres Cordeliers en leurs Messes, desquels le plus grand estoit de 14. à 15. ans, & le plus petit de 12. à 13. remplis de ioye & de liesse auec vn visage Angelique, leurs innocẽtes mains liées derriere le dos, comme dit est, aller chantants à pleine voix auec grande feste en iubilation, le *Pater noster*, l'*Aue Maria*, & autres telles Oraisons. Au plus petit nommé Loys, pendant qu'il estoit priſonnier ſuruint vn cas notable; Aſçauoir, qu'vn Payen de qualité luy dict, que ſ'il vouloit renoncer au Bapteſme, il le deliureroit. Loys luy reſpondit, ains vous deuez vous faire Chreſtien: car vous n'auez point d'autre moyen pour vous ſauuer. Or cõme ces ſeruiteurs de Dieu eſtoyent trainez par Meaco, quelques Chreſtiens pouſſez d'vn grãd deſir de leur tenir compagnie en ces opprobres & tourments, ſupplioyent ces ſoldats de les vouloir receuoir ſur les chart, pour mourir auec ces vingt-quatre : ou du moins eſtre participants de ceſt affront ſouffert pour Ieſus-Chriſt, mais ils en furent refuſez.

Finalement ramenez en la priſon, d'ou ils eſtoient partis, & ayãs mis pied à terre, Paul ſ'approchãt des Peres Cordeliers, & les embraſſant fort humblement, les remercia fort de ce que ſous leur ombre, & à leur occaſion il auoit receu vne telle faueur de la miſericorde diuine, dequoy les ſoldars & chartiers reſterent eſtõnez, diſant entre eux. Quelles gẽs ſont ce là, qui font cõme cela? & ou trouuera-on au mõde telles perſonnes qui ſ'eſiouyſſent ainſi de leur meſpris & vitupere propre?

Le matin enſuiuant par le commandement du Roy ce mesme noble escadron fut mis sur des haridelles, & conduit à Ozaca: ou on les promena par toutes les ruës auec grād vitupere, tellemēt que les Payens mesmes touchez de cōpassion, nō seulement ne pouuoiēt tenir les larmes, mais murmuroient quasi tous entre eux, disant! O chose hors de toute raison! ô iniustice estrāge, en fin ils passerēt d'Ozaca à Sacay : là ou encores on les mena aussi honteusement par toute la ville. Cela fait vn bruit courut par Meaco, que le Roy faisoit encores mourir le P. Orgātin auec ces freres. Ce qui causa telle esmotiō parmy ces Chrestiens desireux & determinez de mourir auec nous, que Gibonoscio fut contraint, pour crainte de quelque grāde esmotion, d'enuoyer vn de ses Officiers de maison en maison par tous les Chrestiens de Meaco, pour les aduiser de sa part, cōme le Roy auoit cōmandé qu'on punist seulement les Cordeliers & leurs plus familiers, les autres non. Auec cela les Chrestiens susdits s'appaiserent.

De la ferueur des Chrestiens d'Ozaca ce temps pendant.

CHAP. VIII.

PLustost que de traiter de l'allée de ces prisonniers à Nangazaqui, il sera bõ de toucher le fruict, que nostre Seigneur tira de ceste persecutiõ. I'en diray seulement quelques vns particuliers, veu que le General se peut descouurir de ce qui a esté dict cy dessus. Laissant donc pour le present Paul Sachendono auec quelques autres Seigneurs, desquels nous auõs fait mention nagueres, ie viens à Victor Secretaire du Gouuerneur d'Ozaca. Ce bõ personnage oyant que quelque peu d'autres deuoient mourir auec les Nostres, ne voulut pas seulement estre vn d'iceux, mais encore procura que sa femme & ses enfans entrassent en ce nombre. A cest effect, de son logis qui estoit vn peu esloigné, il s'en alla demeurer dans vn autre plus proche de nous, & quelqu'vn luy disant qu'il se contentast de mourir sans tirer apres soy les siens, il respondit, qu'il ne pouuoit faire plus grãd bien à sa femme, & à ses enfans, que de leur faire mettre la vie pour nostre Seigneur. Voire encores exhorté par vn de nos Peres, de garder sa vie pour confirmer en la Foy les Chrestiens plus nouueaux & tendres: il se ressentit tellement de ces paroles, que ſi c'euſt eſté vne bien grande iniure. En ſomme il monſtra vn tel zele & affection vers les Noſtres en ceſt accident, que dés le cõmencement il vint à noſtre maiſon, & y demeura preſque continuellement iour & nuict, iuſques à ce qu'il partit pour aller à Meaco auec noſtre frere Paul Michy, l'aſſiſtant en priſon & par tout.

Nous auons deſia dict, quant à André Ongazanare, auec qu'elle promptitude il ſ'aduoüa le maiſtre de noſtre logis, ſe mettãt ainſi en dãger de perdre ſes moyẽs auec la vie de toute ſa famille ſi les Miniſtres euſſent trouué nos deux Peres en ſa maiſon. Iceluy voyant le bruit qui couroit, qu'auec les Noſtres quelques vns du pays deuoient mourir, en demeuroit fort ayſe & content, luy ſemblãt que l'heure eſtoit venuë d'accõplir ſon ancien deſir, & naiſſant entre luy & le ſuſdit Victor auec quelques autres vn ſainct debat, qui ſeroit celuy d'entre eux, à qui eſcherroit l'heur d'eſtre de ce nombre: il prouua par viues raiſons, que c'eſtoit à luy qu'eſtoit deuë vne ſi belle aduenture. Ce qui luy ſuruint auec ſon pere, ne fut pas moins plaiſant d'où ſe peut encore deſcouurir la pieté & religion de ceſte famille. Ce seruiteur de Dieu demeuroit auec son pere, vieillard d'enuiron quatre vingts ans, homme rond de nature & de condition noble; lequel pour estre baptizé de frais, n'auoit pas grande cognoissance de nos loix. Parquoy André se resolut de luy faire assauoir distinctement les bruits, qui couroient par Ozaca, afin qu'il se preparast aussi à tout euenement; & luy parla en ceste sorte. Mon Pere vous ne sçauez pas encor; que c'est qne le martyre. Ie le vous diray. L'vne des plus grãdes faueurs, que nostre Seigneur despart à ses seruiteurs, est de les honnorer de ce tiltre, moyennant la confession de la Foy Chrestienne, qu'ils tesmoignent au milieu des tourmens & cruautez, voire auec la mort mesme. Au moyen dequoy il est bien raisonnable, que ceux qui aspirent à vn si haut los, soyent disposez à receuoir tres-patiemment de leurs ennemis pour l'amour de Iesus-Christ tout affront, tout dommage & toute perte. A ces paroles le bon vieillard changeant de couleur, respondit. O gros enfant, viens-tu à moy auec cecy? on doit donc sottement se laisser tuer aux meschans? ou bien voyant si mal traicter son Pere spirituel se tenir les mains à la ceinture ? ne ſeroit-ce pas vne grande coüardiſe que cela? Ce bon vieillard portoit touſiours le poignard, ſelon la couſtume du pays, mais oyant ces nouuelles, il ſe ceignit encore l'eſpée, & ainſi armé & plein de courroux, commença à brauer. Or c'eſt à ceſte heure voirement, que quād ces malheureux viennent maſſacrer les Peres, ie veux cōbattre iuſques à tant que l'eſpée & les bras me volent en pieces. Et ſi lors on me tue ie ſeray martyr ayant combattu vaillamment. Ainſi ſe dreſſant en pied il mettoit ores la main à l'eſpée, ores il ſe rebraſſoit, ores il mettoit les bras au coſté, auec tels autres geſtes d'vn homme qui ſ'appreſte au combat. André voyant que le vieillard eſtoit peu capable de ſa doctrine, eſprouua vn autre moyen pour l'oſter de leās, de peur que quelque incōuenient ne luy aduint. Si luy dit en fin auec le reſpect conuenable. Vous ſçauez bien mon Pere, que noſtre maiſon eſt fort renommée au Iappon pour l'office qu'elle a d'enſeigner les ciuilitez de la Cour. Et partāt depuis que ie ſuis reſolu de mourir, ie vous prie qu'auec mon plus petit fils vous vous retiriez en quelque lieu plus aſſeuré, de peur que noſtre ſcience, & noſtre race enſemble ne finiſſe. Mais le vieillard plus irrité que deuant par ces propos, luy repliqua. Fol, que tu es, eſt-il vray ? tu me donneras le conſeil ? te ſemble-il bon, qu'vn ieune meure pluſtoſt qu'vn vieux ? & auec quel viſage & cõtenance pourroy-ie paroiſtre deuant les hommes, ſi ie permettois cela ? qu'elle pourroit eſtre ma vie auec tel blaſme ? Parquoy ſi pour cauſe de ta famille tu te veux cacher, fay-le à la bonne heure. Car apres auoir rompu la teſte aux ennemis ie veux mourir martyr. André reſta fort melancholique pour ceſte reſponce ; mais noſtre Seigneur le voulut en fin conſoler. Car ce vieillard voyant la ferueur de ſa belle fille qui couſoit pour ſoy & pour ſa belle mere certains accouſtremens qu'elles ont propres à mourir decemment en Croix, & que les autres du logis eſtoyent empeſchez à ſerrer leurs Chappelets & Reliquaires: oyant auſſi dire ſouuent aux ſiens: beniſt ſoit Dieu qui nous a cõduit à ce poinct, il demanda quel appareil c'eſtoit. Il luy fut reſpondu qu'on mettoit en ordre ces liurées pour le ſainct martyre. S'il eſt ainſi dit le bon vieillard, ie veux auſſi mourir auec vous,& iettãt l'espée quãt & quant, print en main le Chappelet, & commença de le dire deuotement. Ce fut la fin de cest acte.

Ie laisse maintenant pour briefueté, force autres Gentils-hommes, qui de bouche, & par messagers nous faisoyent entẽdre leur saincte resolutiõ de mettre la vie pour Iesus Christ, quãd le Roy persecuteroit les nostres ou tous les Chrestiens: & suffira de dire que ceste saincte ferueur vint à tel poinct, tant és hommes qu'aux femmes, que ceux de la Cõpagnie furent forcez les prier de ne faire aucun bruit, & ne se descouurir, iusques à ce qu'on les recherchast. Car il estoit autrement bien fort à craindre, que le Roy le sçachant n'en cõçeut vn plus grãd courroux, voyant vn si grand nõbre de gens si honorables estre Chrestiẽs: mais qu'estãs recherchez des officiers de Taicosama, pour lors ils confessassent libremnt d'estre Chrestiẽs & prompts à seruir sa Majesté, en tout ce qui ne seroit contre la Saincte Foy, & seruice de Dieu.

De ce que firent pour lors quelques particuliers Seigneurs de Meaco.

CHAP. IX.

SOudain que le P. Organtin fut arriué d'Ozaca à Meaco, il enuoya vn de nos freres au Seigneur Iuste pour luy faire sçauoir l'intention du Roy. Ce bon Seigneur receut vn tel cōtentement de cest aduis, que de ioye il sortit hors de soy, voyant qu'il deuoit encore mourir auec les Peres. Parquoy montant soudain à cheual, il s'en alla à Fuscimo pour dire à Dieu à Cicugendono, duquel il receuoit le plat. Arriué qu'il fut, ils se retirerent tous deux en vn cabinet, & Iuste luy descouurit son cœur luy presentãt deux vases à tenir la liqueur nommé Cia tant prisée au Iappon (lesquels valoyent de quatre à cinq mille escus) à fin qu'apres sa mort il en disposast à son plaisir. A ces paroles Cicugendono demeura comme esperdu, & luy dict en fin. I'admire vostre constance, mais vous deuez sçauoir, que ie me trouuay present, quãd le Roy s'indigna contre les Peres, & son courroux fut seulement contre ceux des Philippines & leurs fauteurs. Partant si vous estes d'iceux, il y aura bien à faire à vous en deliurer : mais nõ pas pour estre simplemẽt Chrestien. Vostre Seigneurie, replicqua Iuste, dira cecy peut estre, pour me conſoler. N'en doutez point, reſpondit Cicugendono : car le Roy a dict par exprez de ſa bouche propre, qu'il ne veut point proceder contre ceux de la Compagnie. A ceſte reſponce, Iuſte ſe teut & prenant congé fut conduit par ledit Seigneur, iuſques à la premiere ſalle, ou en preſence de pluſieurs il luy rēdit le meſme, loüant ſainctemēt deuant tous la vertu, prudence, & valeur du Sieur Iuſte.

Il fut eſcrit l'an paſſé, que parmy les principaux de la Cour, deux enfans du Regēt Genefoin, l'vn des plus fauoris du Roy, auoyent receu le S. Bapteſme. Or la diuine bonté les a voulu tellement confirmer en la Foy, que les Chreſtiens les trouuent comme exemples & colonnes des autres. Le plus aagé d'iceux nommé Paul Sachondono de vingt ans ou enuirō, tiēt deſia l'autorité de Taicoſama, l'eſtat du pere, & ſi a de plus eu de la main du Roy vne fortereſſe des principales du Royaume de Tamba, auec grand reuenu. Doncques eſtant Paul en ceſte forteresſe, il ouyt que le Roy auoit faict priſonniers tous les Peres, (le bruit s'eſtant acreu à l'accouſtumée) & qu'il auoit encore faict appeller du chemin Monſeigneur l'Euesque. Parquoy pour s'acertener de la verité, il enuoya vn laquay à Ozaca & vn autre à Meaco loing de la place cinq lieuës, & cõmanda à cestuy-cy de s'arrester là pour l'aduiser de iour en iour par le menu de ce qui se passeroit, puis apres pensant à part soy, comme sans empeschement il pourroit paruenir à la Coronne du Martyre, il iugea estre vn bon moyen d'aller à Fuscimo vers son pere auec huict des plus fideles & courageux seruiteurs qu'il eut, & pour euiter tout soupçon luy dire, qu'il s'en alloit à Ozaca visiter son beau pere, Seigneur d'vn Royaume : auquel lieu comme la nouuelle se seroit sçeuë au vray il prendroit vn logis pour attendre la fin & succez de tout l'affaire. Mais allãt plus outre en ce discours & se doubtant de ne venir à bout de ses desseins, si auec son accoustrement ordinaire il se presentoit au martyre, quoy qu'il fist profession d'estre de noz disciples ; à cause que nul ministre ne seroit si osé que de luy mettre la main dessus, il se resoult de se taire & habiller en Ecclesiastique, se fiant que ses seruiteurs feroient le mesme, comme estãs tous forts bons Chrestiens. Il y en auoit vn entre-eux, qui auoit receu le S. Baptesme vingt iours deuant, & à raison de ce le Seigneur Paul doubtant aucunement de sa constance, luy dict secretement qu'il ne pouuoit encore sçauoir, que c'estoit de mourir pour nostre Seigneur; & par ce il luy donnoit congé de s'en retourner à sa maison. Le seruiteur luy fit respõce. He Monsieur que me dictes vous? Ie confesse à la verité qu'il y a peu de temps, que l'Euesque m'a faict Chrestiẽ: Mais par la grace de Dieu i'entens de qu'elle importance est le salut de mon ame. Parquoy si le chemin du martyre est le plus court pour arriuer au ciel, ie ne fais non plus compte de ceste vie, que ie ferois d'vn peu de cendre, Sachondono receut vn merueilleux cõtentemẽt de telle responce, & donna à ce seruiteur enuiron cent trente escus, pour aider sa pauure famille. De là se retirant dans vn cabinet, & se prosternant deuant vne image, il se recommanda à Dieu de tout son cœur, priant sa diuine Majesté de daigner l'enroller au nombre de ses inuincibles guerriers.

Durant ce temps il escriuit quelques lettres pour en enuoyer à ses pere mere, & nourrisse, qui contenoyent en somme, qu'estant Chrestien, & nos peres deuant estre mis à mort, il estoit resolu de finir sa vie auec eux. Et affin qu'aucun n'estimast, qu'il mourut de caprice, il auoit biē voulu laisser les susdictes lettres, les priant de changer les funerailles & obseques qu'ils luy voudroyent faire, à se faire eux mesmes Chrestiens, & que pour lors ils entendroyent à plein la cause de sa resolution. En outre pour se preparer mieux par le moyen de la saincte confession, il s'en alla à Meaco en cachette, ou stant bien tost visité de la part du Pere Organtin par vn de nos freres, & deuisant de ce sien dessein, il luy dict. Iusques à present i'ay esté Chrestien de nom plus que de faict : mais i'espere à l'aduenir moyennant la grace de Dieu, de m'amender à bon escient, & viure comme il faut. Que si ie ne le fais point, ie vous prie de me vouloir rigoureusement chastier. Partant de Meaco il voulut auoir quant & soy vn de la Compagnie, ne sçachant encores, si les nostres pourroyent librement demeurer en ville ; & ce pour s'entretenir par ceste cōuersation & frequentation du Sacrement de Penitence, en la vie Chreſtienne & vertueuſe. Cependant ce ſeruiteur enuoyé à Ozaca reuint auec la verité du faict. Par icelle le Sieur Paul ſe voyant deſcheu de ſon eſperance en receut plus grand deſplaiſir, que ſa ioye premiere n'eſtoit grande, ainſi qu'il l'eſcriuit apres luy meſme au P. Vice-Prouincial, & autres des noſtres. Ce qui ſera aſſez, quant à Sachendono. Venons maintenant à Cõſtantin ſon frere, & à Michel leur couſin.

Le meſme iour que la nouuelle vint d'Ozaca aux noſtres en Meaco, comme le Roy auoit commandé, que les Peres fuſſent mis à mort, les ſuſdicts Conſtãtin & Michel, vindrent tous deux enſemble chez nous s'en allans à la fortereſſe de Tamba: & oyant ce qui ſe paſſoit dirent ô que nous ſommes bien arriuez icy à propos! c'eſt à ce coup, que nous taſcherons d'eſtre du nõbre des Martyrs, quoy que nous ne ſoyons pas dignes d'vn ſi grand bien. Et parce ne penſant plus d'aller à Tamba où eſtoit Sachendono, ny à Fuſcimo ou eſtoit Gẽnefoin, ils prindrent vne pauure maiſon à Meaco ioignant la noſtre, pour voir s'ils pourroyent obtenir l'effect de leur deſir. En icelle comme ils estoyent retirez auec quelques autres Seigneurs, le Pere Organtin leur enuoya vn des nostres pour les confirmer en leur bon propos. Auec ses exhortations ils demeureren si enflambez que haussans les yeux au ciel, ils remercioyent nostre Seigneur de la commodité qu'il leur offroit d'vn si noble triomphe.

Vn peu apres le bruit courut comme il arriue par fois en tels cas, que la sentēce contre les Chrestiens, n'estoit pas encore iettée, mais qu'on craignoit, que quelques enuieux de Genefoin auec ceste occasion ne l'accusassent au Roy à cause que deux de ses enfans s'estoyent faicts baptizer. Constātin ayant ouy cela, print resolution d'aller en personne se descouurir à son pere pour Chrestien. Car il n'en estoit pas encores seur & luy faire sçauoir tout ensemble, comme il estoit determiné de mourir pour Iesus Christ auec le P. Orgātin son maistre, & le matin s'acheminant vers Fuscimo il arriua tout à poinct, cōme Genefoin sortoit du logis pour aller au palais. Adonc se retirans tous deux à quartier, Constantin luy declara le tout. Dequoy Genefoin, qui l'aimoit extrememment, demeura comme hors de ſoy, & l'ayant ramené dedãs, luy dict : Ie ne ſçauois pas pour certain, que tu fuſſes Chreſtien. Quant au P. Organtin tu peux eſtre en repos pour maintenant. Car il n'entre point en ceſte execution. Mais ie te dy biẽ, que ſi ſon Alteſſe vient à ſçauoir qu'il preſche & baptize, il ne ſera par hors de danger : voire ſi le Roy cõmande, que les Chreſtiens ſoyent occis, ne penſe pas que i'aye à te le pardonner. Car nous auons aſſez d'exemples & anciens & modernes de peres, qui par commandement de leurs Roys ont oſté la vie à leurs enfans propres. A quoy Conſtantin reſpondit, c'eſt iuſtement tout mõ deſir, & ie ne vous ay point deſcouuert d'eſtre Chreſtien, affin que vous me deliuriez de mort: mais à ce que vous puiſſiez deſtourner les dommages, qui vous en pourroyent arriuer. Geneſoin ayant eu telle reſponce, luy commanda de l'attendre, & qu'apres il luy parleroit à loiſir. Parquoy s'en allãt à la Cour, il fit grande diligence pour ſçauoir des autres trois Regens, quelque choſe touchant ceſt affaire. N'en trouuãt rien de certain il retourna chez ſoy, & appellãt à part ſa femme qui ne ſçauoit encores rien de cecy, luy manifesta l'intention de Constantin, adioustant que s'il trouuoit, que le Roy eust resolution de faire tuer tous les Chrestiens, luy-mesme plustost que d'en auoir le commandement, tueroit son fils de sa main. Auquel cas il la prioit quittãt la foiblesse de femme, de monstrer vn cœur d'hõme & genereux. Mais à peine auoit il dict ces mots, que vaincu de l'amour paternel, il commença à pleurer chaudement, & se lamenter de son fils l'appellant inhumain & cruel.

Cependant Michel, que Constantin auoit laissé à Meaco, luy semblãt que son Cousin tardoit trop à Fuscimo, se partit pour ceste routte, & arriué au logis de Genefoin fut secrettement tiré à part dans vne chambre par sa Tante, qui se plaignant de son fils pour s'estre baptizé, luy feit entendre la resolution & les menaces de son mary : & en somme luy descouurit l'extreme douleur, que comme bonne mere elle en sentoit. Quelle vie, disoit-elle, sera la mienne, quand ie seray priuée de mes chers enfans, qui sõt loüez de tous pour leur gentillesse & bonne grace ? Que si mon contẽtement & mon ayse depend d'eux, tellemẽt que nuict &

iour ils ſont cõme belles fleurs, & roſes vermeilles au deuant de mes yeux, que feray-ie pauurette ſans eux? Quelle douleur me percera le cœur, quand i'orray ſi facheuſes nouuelles, que les mains de leur pere propre auront eſpars le ſang de mes enfans? Helas comme pourra c'eſt eſprit me tenir plus en vie! Auec ces paroles verſant vn fleuue de larmes, elle ſe paſma, s'appuyant ſur le ſieur MICHEL, qui reſta tellement attendry de cœur, qu'il commença ſoudain à pleurer. Mais ſe retenant apres quelque peu, il dit à ſa Tante: Madame, prenez courage, car ceſte execution ne touchera point voſtre fils. C'eſt bien, reſpõdit elle, ce que mon mary m'a dit, d'où ie prends encore vn peu d'eſperãce. Par ces paroles Michel voyãt qu'elle eſtoit r'aſſeurée, pourſuyuit en ceſte ſorte. Vous ne deuez, Madame, vous affliger ſi fort, bien qu'il aduint, que Conſtantin mourut, attẽdu que n'eſtant pour aucun ſien forfaict, ains ſeulement pour l'amour de ſon Createur, cela vous deuroit apporter vn ſingulier confort. Il n'eſt que trop vray, dit-elle, & ſans doute c'eſt choſe loüable, que le ieune homme en vn aage ſi floriſſant, face tel eſtat de la vie future, qu'il en desprise la presente: la ou moy, qui ay desia les cheueux blãcs, n'ay pas encores apprins le sentier de salut, mais dites moy: pourquoy a il voulu s'arrester plustost à vne loy estrangere & defenduë du Roy, qu'à tant d'autres du Iappon sa patrie? Pour autant, dit Michel, que ceste-cy dõne salut, & les autres enuoyẽt au precipice. Finalemẽt replicqua la Tãte, ie viuray cõtẽte, pourueu qu'il ne meure point, & priez le de grace, qu'il s'entretienne en Tamba auec son frere, iusques à tant que cest orage passe. De ma part ie ne lairray tandis de faire continuellement auec Genefoin, qu'il procure que le Pere Organtin Maistre de Constantin soit hors de ces trauaux.

Ce faict, Constãtin & Michel retournerent à Meaco, ou apres s'estre confessez au P. Organtin, ils receurent comme ils desiroyẽt le tres-sainct Sacrement de l'autel. En fin apres s'estre entretenus là quelques iours, voyant que l'affaire des Nostres alloit d'autre façon qu'ils ne pensoyent, ils s'en allerent à Tamba. De là escriuãt apres tous deux au Pere Vice-Prouincial, & se plaignant de leur malheur, ils le prierent qu'il les recommandast à dast à nostre Seigneur en ses prieres, affin qu'à vne autre occasion sa Majesté les daignast receuoir au nombre de ses glorieux Cheualiers.

Deux autres Gentils-hommes, qui estoyent logez auec eux à Meaco, & venus de quatre iournées loing pour prendre le S. Sacrement de Confirmation, voyant que le desir qu'ils auoiēt de mourir pour la foy, ne sortoit son effect, s'en retournerent au pays, laissant charge à Meaco, que si paraduēture on oyoit de nouueau quelque chose se remuer cōtre les Peres ils en fussent soudain aduisez voulās aussi eux participer d'vn si heureux sort. Vn d'iceux arriué au pays, commanda qu'en sa maison se fit l'oraison de quarante heures, pour les trauaux des Nostres: & tous les Chrestiens du lieu y accourans lesquels estoyent en grand nombre, ils monstrerent l'affection, qu'ils portoyent à ceux de la Compagnie, & le zele qu'ils auoyent du bien commun.

Le Sieur Iean cousin aussi de Constantin aagé de seize ans, ne monstra pas en ceste bourrasque moins de courage, cōme en l'obseruation de la loy Chrestienne il ne luy cede aussi en rien. Partant, ouy qu'il eut le danger de noz Peres, il s'en vint soudain chez nous pour estre leur compagnon, en vne fin si glorieuse.

Au mesme temps vn bon Chrestien se trouua à Meaco, qui auoit vn fils de seize ans appellé Thomas, & demeurant pour lors à trois iournées de là. Le Peré luy escriuit sa resolution de mettre sa vie pour Iesus Christ. Et parce il luy laissoit par testament, comme il estoit assez aisé, certaine somme de deniers auec quelque autre chose.

La saincte resolution du pere pleust fort à ce ieune fils, & luy donna grand contentement, mais il ne souffrit point, que pour heriter la terre il quittast sa part du ciel. Par ainsi il respondit, que si les Gentils suyuant la coustume Iapponoise reputoient à grand deshõneur, que l'occasion se presentant le fils refusast de mourir en compagnie de son pere, comment est-ce, qu'il pourroit iamais abandonner son progeniteur en vn passage, qui estoit pour le conduire au Ciel en asseurance? Parquoy, qu'il perseuerast hardimẽt en vne si belle resolution. Car bien tost il l'iroit trouuer, & suiuroit son exemple, s'il escheoit.

On pourroit adioufter aux fufdicts Caniulodono, lequel nagueres fe fit Chreftien, & toutesfois par vne extraordinaire ferueur fe monftra preft, & appareillé, à donner la vie pour la foy : fa femme & autres de fa maifon baptizez par l'Euefque qui fe preparerent à mourir en Croix. Item vn autre Cheualier, lequel auec fa femme pareillement & fes enfans fe refolut de venir à Meaco mourir auec les noftres ou les accompagner, s'ils eftoyent chaffez en exil. Grace dame de Tango, laquelle auec fes Damoifelles prepara les accouftremens qu'il falloit pour le fupplice de la Croix, l'attendant d'vn fi viril courage, qu'à quelque heure qu'elle eut eu nouuelle affeurée, que les Peres de la Compagnie deuoyent mourir, quãd bien ce fut à minuit, difoit elle, toute pied nud auec fes Damoyfelles, elle y feroit courue, faifant à qui feroit pluftoft au fupplice d'elle, ou bien d'eux. Mais fuffira pour maintenãt d'auoir fait mention de ceux-cy. I'adioufteray feulement vn poinct d'vne lettre du Pere F. François Blanc, qu'il efcriuit de Meaco à vn fien amy, les gardes eftant posées en fon logis : lequel eft tel.

Nous sommes attendans de iour en iour la mort pour l'amour de nostre Seigneur, & auec ce nous sentons grandement consolez. Comme aussi voyant les Chrestiens, auoir vn grand courage & se fascher du retardement des bourreaux. Ce qui nous fait plus estonner est, que de Fuscimo & des montagnes fort esloignées on vient disant, que si les Chrestiens meurent pour estre Chrestiens, eux estans tels aussi, faut encores qu'ils meurent pour l'amour de Dieu. Nous ne pouuons pas toutesfois parler à eux, & i'ay honte de moy-mesme voyant qu'vn peuple si nouueau en la foy ne s'effroye point de la mort pour l'amour de nostre Seigneur. A tant ce bon Pere.

Bien est vray que ce desir de mourir n'a pas esté en tous, ains quelques vns se sont monstrez froids, & autres se sont cachez. Nous ne sçauons pas pourtant, qu'aucun ait monstré signe quelconque d'apostasie, sinon trois: & ce seulement encores en l'exterieur pour fuyr le dãger. Chose qui les excuse aucunement pour estre iceux nouuelles plantes posées au milieu de l'hyuer de la gentilité. Or retournons à nos prisonniers.

Comme les prisonniers furent encores de Sacay à Nangazaqui, & des trauaux qu'ils endurerent en chemin.

CHAP. X.

APres que ces seruiteurs de Dieu furent honteusement, comme dict est, conduicts sur des rosses par les ruës d'Ozacay, & de Sacay: Taicosama commanda, qu'on les menast par terre vers Nangazaqui auec des lettres patentes, qu'ils portoyent, que de lieu en lieu on leur donnast des gardes de soldats, & autres choses necessaires pour le chemin iusques à Nangoia, ou Fazambure les deuoit prẽdre en charge, & mener apres à Nangazaqui. La raison qui meut Taicosama de les enuoyer par terre, pouuant les enuoyer aysement par mer, fut qu'il auoit dessein de dõner plus d'espouuante au peuple des Royaumes, par ou ils passoyent, Meaco estãt esloigné de Nangazaqui enuiron six cens mille, tout terre ferme, à ce qu'aucun n'osast pour l'aduenir receuoir le Baptesme, ou retirer les Peres.

Ils partirent donc de Sacay le 9. de Ianuier 97. accompagnez tousiours de gens en armes. Vn d'iceux alloit deuant, qui portoit vne picque auec la tablette de la sentence cõme auõs dit: lequel sans dire mot publioit le crime imputé aux innocẽs. Les incõmoditez qu'ils souffrirent en ce chemin, furent telles que les grãds froids, neiges, & glaces ont coustume apporter à des pauures mal vestus, & condamnés voyageurs au fin cœur de l'hyuer. Il est bien vray, que les Gentils ausquels on les mettoit en main par rãg, vsoyẽt en leur endroit de toute humanité: les vns portant compassion à leur innocence, & les autres craignant qu'il ne leur fut imputé, si quelqu'vn d'iceux, soit par mort, soit par autre accidẽt fut venu à manquer. Parquoy ils leur prestoyent des mõtures & certaines chaires, dõt on vse au Iappõ, portées sur les espaules par deux hõmes, s'il venoit qu'ils en eussent besoin. Car pour meriter encore dauantage, ils alloyent souuent à pied, comme on cognoissoit bien de leurs enfleures.

A ceste cause le Pere Organtin enuoya auec argent vn Chrestien de Meaco appellé Pierre homme de grand vertu pour accompagner les trois des nostres pour suruenir à leurs necessitez, & de leurs cõpagnons. Vn autre pareillement nommé François Menuisier, pour l'affectiõ qu'il portoit aux Peres de S. François, les auoit accompagnez: de sorte que ces deux traitans libremẽt auec les prisonniers, & les seruant furẽt apres quelques iours prins pour Chrestiẽs par les soldats, qui les cõsignerent auec les autres à ceux qui suiuoyent pour les conduire vers Nangoia. Dequoy tãt s'en faut, qu'ils en sentissent douleur, estãs partis de Meaco auec preparation & desir, qu'vn sort si heureux leur escheut, que mesme ils s'esiouyssoiẽt & remercioyẽt la misericorde diuine d'vne telle faueur. Partant il suyuirent leur chemin auec vne saincte allegresse corroborée par vne oraison feruente & autres deuots exercices. Dequoy leur nayssoit aussi vn desir tres ardent de receuoir auãt mourir le S. Sacrement de l'Eucharistie. Dequoy le P. F. François Commissaire escriuit au P. Recteur de nostre College de Nangazaqui, & nostre Frere Paul au pere Vice-prouincial en ces termes: *Nous n'auons plus autre desir en ceste vie, que de nous pouuoir confesser, & communier vn iour auant d'arriuer à Nangazaqui. Car nous ne sçauons s'il y aura temps par apres*

& ces R. Peres de S. François ne ſcachans bien la langue, nous ne pouuons rendre conte entier de noz conſciences, ce nous seroit grande conſolation, ſi pouuions auoir le Pere François Paſi. A ceſte preparation d'eſprit s'adiouſtoyẽt les exhortations, que Paul faiſoit aux Iapponois, & par fois les Peres Cordeliers les encourageoyẽt par interprete, ſouffrir à noſtre Seigneur de tout leur cœur, & les excitoiẽt à recognoiſtre ceſte grace tant ſinguliere de ſa diuine bonté: ainſi qu'il ſe verra mieux d'vn diſcours que F. Martin fit à tous en chemin, lequel fut trouué depuis traduit en lãgue Iapponoiſe dans le ſein d'vn de ceux qui moururẽt en Croix. Il eſt, cõme s'enſuit. Mes freres, nous deuons penſer d'eſtre grãds pecheurs, & que nous ne cognoiſſons pas combien grand eſt le benefice, que noſtre Seigneur nous fait, auec ſi peu de trauail. Pluſieurs Saincts particulierement S. François rechercherent par tous moyens la Coronne de martyre: mais il ne leur fut point octroyé de le trouuer. Maintenãt Dieu nous la preſente & non en maniere telle quelle: mais par le moyẽ de la croix. Les Apoſtres eſtoyent ſouuerainement armez de noſtre Seigneur, &

toutesfois il ne cõceda la croix, qu'à deux ou trois d'iceux au plus. Et quant aux autres saincts, quelques vns furent decolez, quelques autres iettés dãs des chaudieres bouillantes : aucuns rostis, aucuns iettez dans des estangs glacez, ceux-cy decoupez en mille pieces, ceux là siez par le milieu, plusieurs precipitez du haut des mõtagnes & trãspercez & demẽbrez par les rochers & pierres ayguës, finalemẽt tourmentez, qui d'vne façon, qui d'vne autre, ils rendirẽt l'esprit à leur Createur : mais à nous, quoy qu'indignes, cest estendard s'appreste à ceste heure, auquel le propre fils de Dieu mourant rachepta le monde. Ceste faueur est tant signalée, & si grande, qu'elle surpasse l'entendement des Anges. Partãt disposons nous à souffrir auec patience tous outrages, que les bourreaux sont pour nous faire armez de la memoire de la passion glorieuse du sauueur, lequel quoy que tres-esloigné de tout peché, embrassa tres-prõptement pour nostre salut toute fatigue, & tout tourment. Certes la misericorde que le Seigneur nous faict est infinie, puis que meritant pour vn seul peché mortel les peines eternelles, & insupportables de l'Enfer, il ſe daigne nous les changer en ceſte briefue & tranſitoire. Mais d'autant que l'homme eſt foible de ſoy, & ne peut ſupporter tant ſoit peu, il eſt neceſſaire que nous demandions humblement la grace du ciel. Doncques de tout noſtre cœur ayõs recours à la tres-ſaincte mere de Dieu, aduocate des pecheurs, au glorieux S. François, à noſtre Ange gardien & à tous les Saincts de Paradis, à fin qu'ils intercedent pour nous. C'eſt en ſomme ce que dict le P. F. Martin, au grand contentement des auditeurs.

Pluſieurs autres choſes d'edification ſuruindrent en ce voyage, que ie laiſſe pour briefueté. Ie diray ſeulement, que l'allegreſſe, la patience, & l'humilité, que ceſte ſaincte trouppe monſtroit en ce dernier poinct, eſtoit telle que tous en demeuroyent eſmerueillez, & les Bonzes meſmes diſoyent que c'eſtoit le chemin pour dilater la loy Euangelique.

De quelques perſecutions qui ſe leuerent en meſme temps contre les Chriſtianiſme.

CHAP. XI.

AVec la prohibition de Taicoſama renouuellée, que l'Euangile ne ſe dilataſt plus à peine que les trãſgreſſeurs ſeroyent punis auec tous les leurs : quelques Seigneurs Gentils, tant de peur de l'Edict du Roy, qui priue de ſes Seigneuries quelque Seigneur que ce ſoit, pour de legeres occaſions: comme auſſi de haine qu'ils portoyent à noſtre Religion, ſe reſolurent de faire retourner à l'idolatrie les Chreſtiens, qui ſe tenoyent en leurs terres. Le Gouuerneur de Facata fort familier de Taicoſama fut vn de ces impies, lequel auec menaces rigoureuſes commanda aux Chreſtiens de ce lieu là, qui ſont mille, ou enuiron, de renier Ieſus Chriſt, luy porter tous les chappelets, & attacher aux huis de leurs maiſõs vne tablette ou les Gẽtils ont couſtume d'eſcrire le nom de leur Idole, auec certains autres mots: & diſent ces Inſenſez, que ces tablettes ont vertu contre le feu, les maladies, & telles choſes.

Les Gentils donc parẽs des Chreſtiens, pour crainte du Tyran leur conſeilloyẽt malheureſement de condeſcendre à ſon commandement du moins quãt à l'exterieur : mais eſtans reſolus de laiſſer pluſtoſt la vie, que de faire demonſtration quelconque du Paganiſme, ils reſpondirent, qu'il ne falloit point obeyr en tel cas, & auec ce manderent quant & quant tout expres à Nangazaqui pour entendre des Nostres, ce qu'en telle extremité se pourroit faire sans offense de Dieu. Car ils estoyent resolus de l'obseruer.

Le Seigneur aussi de Firãdo, qui a tousiours extremement abhorré les Chrestiens, n'obmit pas auec l'occasion susdite de pourchasser la ruine spirituelle de quelques vns, & particulierement de sa nore fille de Dom Barthelemy de bonne memoire: Mais elle se comporta tellement par son accoustumée constance contre ces assaux, qu'ayant perdu l'esperance d'en auoir la victoire il se rendit comme vaincu, & laissa de la molester. Les autres Chrestiens: puis apres accoustumez à tels cõbats, firent parillement vne vaillante resistance. Les habitans de Nozu gouuernez par vn certain Capitaine ne monstrerent pas moins de valeur. Car la nouuelle de ce qui se passoit à Meaco, contre les Chrestiens, estant arriuée en ce pays, le Capitaine susdit commanda à Leon qui est vn bon vieillard, & des premiers entre eux, qu'il eut auec tout le reste à renoncer la Foy. Mais ce bon perſonnage, qui auoit le ſalut de ſon ame en recommandation, plus que toute autre choſe, reſpondit fort franchement, qu'on le pouuoit bien tuer, non pas le faire apoſtater. Les autres par apres ſuiuant ſon conſeil & exemple appreſterent chacun ſa croix, afin qu'importunez de quitter Ieſus-Chriſt, ils ſortiſſent auec icelle fur l'eſpaule, pour y mourir deſſus, iugeans que c'eſtoit la meilleure reſpõce de toutes pour eſclarcir ceſt impie de leur reſolution. De ſorte qu'iceluy eſpouuanté d'vne telle conſtance deſiſta de ſa malheureuſe entrepriſe, & les laiſſa viure en la religion, qu'ils vouloyent. Leon aduertit par apres les Noſtres de tout cecy leur demandant heures, chappelets, images, grains beniſts, & autres armes ſpirituelles propres à tels combats. Ce qui pour maintenant pourra ſuffire quant à ce poinct.

Comme FaZambure eut la nouuelle en Mangoia, que les priſonniers eſtoyent proches.

CHAP. XII.

LEs priſonniers eſtãs arriuez à Facata le dernier de Ianuier, les Gentils les receurent humainemēt à l'accoustumée, & s'en edifierent beaucoup. Quelques Chrestiens dudict lieu les allerent visiter & en rapporterent de saincts aduertissemens. Nostre frere Paul, cōme par tout le chemin il n'auoit faict que prescher aux soldats, & autres, aussi la nuict qu'il fut en Facata, il employa la plus part en ce saint exercice. Cependant Fazambure eut aduertissemēt que les prisonniers venoyēt, & receut ensemble les patentes du Roy, qui cōmandoit que sans delay il les conduisit, à Nangazaqui, soudain qu'ils seroyēt arriuez. Parquoy Fazambure voyāt le commandement de Taicosama despecha à l'instāt vn courrier à Nangazaqui, à ce qu'il fit tenir prestes cinquante Croix pour les condamnez, qui deuoyent venir bien tost apres. Il ne se peut bōnemēt croire le bruit & bisbille que ceste nouuelle causa parmy les Portugais, & les Iaponnois, soudain qu'elle bruit à Nangazaqui, donnāt ensemble occasiō à diuers discours, touchant le nombre des Croix qui estoit plus grand, que les personnes sentētiées. Ce fut chose merueilleuse de voir soudain l'enflammé & constant desir de ce peuple, chacun souhaitāt, qu'vn rencōtre ſi heureux luy eſcheut: de ſorte qu'il ſembloit, que tāt és maiſōs, que par les places on ne traitoit que de cecy. Il eſt malaiſé de racōter pluſieurs particuliaritez d'edificatiō qui arriuerent. Au moyen dequoy i'en mettray ſeulement icy vne ou deux, dont on pourra coniecturer le reſte.

La nuict que c'eſt aduis vint à Nāgazaqui vn des principaux de la ville eſtoit diſcourant auec ſa femme, touchant la preparation au martyre. En la meſme chambre deux de leurs enfans eſtoyent au lict, l'vn de cinq à ſix ans, l'autre de 12. Aduint que le plus grandelet ſautant du lict courut demāder à ſon pere, que c'eſtoit qu'il diſoit: & l'ayāt briefuement ouy, l'enfant luy dic. Vous encore mon pere deuez mourir? Et luy reſpōdant qu'ouy. O que i'en ſens d'aiſe, dit-il ſoudain. Car par ce moyen auſſi, ie vous ſuiuray. Et mōſtrant apres du doigt ſon frere qui dormoit, de ceſtui-cy, dit-il, qu'en fera-on? il ſera encores martyre auec nous, reſpond le pere. C'eſt voirement à ceſte heure, repliqua le garſonnet, que ma ioye ſe redouble, puis que tous de Compagnie nous en irons de ce bas monde au Ciel.

Vn de nos Peres demanda à vn autre ieune fils de cinq ans, qui estoit d'vne des premieres familles de Nangazaqui, puis que les Gentils par commandement du Roy venoyent massacrer les Chrestiens, que respondroit-il, si on luy demandoit s'il estoit baptizé? Que ie suis Chrestien, respondit le petit enfant. Et si on vous veut tuer pour cela, adiousta le Pere, qu'est-ce que vous ferez? Ie me disposeray à mourir, ce fit l'autre: Et en quelle façõ, repliqua le Pere. Le garçon respondit la larme à l'œil, mais d'vne admirable constance, ie crieray misericorde à Iesus iusques à la mort. Et ce sera assez pour signifier la ferueur de ces Chrestiens.

Maintenant pour reuenir aux prisonniers, ils partirent de Facata le premier de Feurier, & vindrent à vn lieu nommé Caraze, trois lieuës loing de Nangoia, ou Fazambure les attendoit auec les soldats. Lequel ayãt salué nostre Frere Paul pour l'amitié qui estoit entre eux, se condolut auec luy de telle disgrace. Mourir pour la loy de Dieu, respondit Paul, & pour enseigner aux hommes le chemin du Ciel, n'est pas subiect de condoleance. Mais ie vous veux prier d'vne chose, que vous

vouliez à Nãgazaqui me faire grace d'vn
peu de temps pour me confesser & communier plustost que ie meure. Le mesme
fut demandé par les Peres de S. François
& Fazambure promit tout à tous: mais il
ne le garda pas cõme on verra. Puis apres
s'accostant du petit Loys, duquel auons
parlé cy dessus, & le voyant de fort bas
aage, luy dit. Ta vie est maintenant à mõ
pouuoir, toutesfois si tu veux estre à mon
seruice, ie te receuray. Loys respondit ie
ne dispose nullement de moy: mais ie feray seulement ce que F. Pierre me com-
mandera. Lequel luy dit, qu'il acceptast
l'offre, pourueu qu'il le laissast viure en
Chrestien. Non pas cela, dit Fazambure,
ains il luy faut renier la Foy. Mõsieur, dit
Loys ie ne veux pas viure en ceste sorte,
perdant la vie bien-heureuse & eternelle,
pour vne miserable & passagere. Finalement poursuiuãt leur chemin, ils arriuerent à vn lieu du Royaume de Figen, appellé Lucazaqui, d'où le lendemain matin ils partirent, & parce qu'ils voyoient
que peu à peu ils s'alloyent approchãs de
la mort, ils voulurent par deuotion aller
à pied en ce grand froid, & tous harassez
qu'ils estoyent du voyage, iusques à Ge-

nonchi ville d'Onnirandono, loing de Nangazaqui huict ou neuf lieuës.

De ce qui aduint en Senonchi, & au reste du chemin iusques au lieu du supplice.

CHAP. XIII.

EN fin le 4. de Feurier enuiron midy ces prisonniers arriuerent au lieu susdit, & à mesme heure suruindrent les deux Peres de la Compagnie Frãçois Pasi, & Iean Rodrigues, enuoyez par le Pere Vice-Prouincial pour cõsoler ceste vaillante & vertueuse Compagnie, par les saincts Sacrements de confession & de l'autel. Mais il ne fut pas possible de satisfaire à ce desir, qu'ils auoyent, de leur depart estãt à l'heure mesme & Fazãbure s'estant desia mis deuãt, de sorte, qu'à peine le P. Rodrigues obtint des gardes, pour soy tant seulement, de les pouuoir saluer & embrasser. La consolation fut extraordinaire, & non sans douces larmes tãt de l'vne que de l'autre part lors qu'ils veirẽt ce Pere lequel les saluant tous de la part du Pere Vice-Prouincial auec paroles propres au temps, les anima à vn si glorieux exploit & leur dit en fin qu'il estoit venu là pour leur dire Messe & les communier,mais qu'il ne pouuoit, pour de la haste de leur depart & qu'à ceste cause, il feroit son possible à Nangazaqui, à ce qu'ils eussent ce contentement. Nostre frere Paul embrassant le Pere luy dit tout bas, qu'il se fioit grandement à la misericorde de Dieu, que par le moyen de ceste persecution son Eglise seroit pour s'accroistre au Iappon. Dequoy il auoit vn signe apparent en ce qu'au beau commencement de ceste persecution que les Gentils deuroyent s'eslongner plus de nous, & abhorrer nostre saincte Foy, importuné d'eux mesmes, il en auoit baptizé six en la prison à Ozaca.

Le P. embrassa apres F. Pierre, lequel luy ayant racõté briefuement leur voyage, le tira à part, & d'vne saincte humilité luy dict. Il se peut faire, que nostre mort soit si prompte, qu'elle ne nous donne lieu ny loisir de rien faire plus. Toutesfois au nom de mes Compagnons, comme estant leur Superieur, ie demande dés à present au P. Vice-Prouincial, & aux autres de la Cõpagnie, & ce de tout mon cœur pardõ des fascheries que nous leur auons données, le P. Rodrigues excusant leur bonne intention, demanda pareillement pardon de la part de la Cõpagnie, au mesme F. Pierre, s'il se tenoit par fortune offencé auec ses Compagnõs en chose que ce fust. Ainsi les larmes, les embrassemẽs & les Adieux se renouuellerẽt.

En fin le P. Rodrigues faisant derechef à tous les Iappõnois vne petite exhortation du contentement, qu'ils deuoyent ressentir pour vne si heureuse mort, il les laissa & s'en retourna promptement à Nangazaqui auec le. P. Pasy, pour traiter auec Fazambure des Sacremens, qu'ils desiroyent administrer aux prisonniers, selon qu'il leur en auoit fait promesse.

Puis sur le tard plustost, que de s'embarquer, car ils deuoyent aller par mer iusques à Tochiza enuiron sept lieuës, les Ministres mirent vne corde au col des prisonniers, & leurs lierent à tous les mains derriere le dos, hors mis aux Peres Cordeliers. Les ayant fait embarquer ils arriuerent en peu de temps à Tochiza, demeurans toute celle nuict dans la barque au froid & à la gelée, qui fut bien grande. Fazambure auoit fait apprester dans Nangazaqui le logis pour tous ces vingt & six: mais puis apres se craignant qu'il n'en sourdist quelque sousleuemẽt, à cauſe que ce ſont tous Chaeſtiens,châgeant d'aduis il ſe reſolut de les faire iuſticier ſans autre, hors la ville le lendemain matin feſte de la glorieuſe Saincte Agathe. De façon qu'ayant fait porter au lieu du ſupplice les croix, & tout ce qu'il falloit, il n'y eut rien qui ne fut preſt, à ce qu'en vn clin d'œil l'execution de la iuſtice fut faicte. Le lendemain matin de bône heure, il fit aduiſer les Noſtres de luy appeller le P. Paſy, pour luy dôner vn de ſes gens, qui l'accôpagnaſt iuſques à certain lieu voiſin du ſupplice: ou faiſant arreſter toute la trouppe, il pourroit confeſſer les trois de la Compagnie ſeulement, & non autre. Car c'eſtoit tout ce, que pour lors il leur pouuoit octroyer, & quant à la cômunion, qu'elle ne luy ſembloit pas neceſſaire, pource que mourans tous pour le ſeruice de Dieu, ils n'auoyêt point beſoin d'autre viatique.

Le P. Paſy ſ'en alla quant & quât auec le P. Rodrigues & le ſeruiteur de Fâzabure à Vracami lieu ainſi appellé, ou eſtoit l'Hoſpital des incurables & les attendit là. Mais le P. Rodrigues paſſa plus outre iuſques à eux pour les aduiſer, que dans peu d'heure ils deuoyêt mourir. Dequoy tous remercierent nostre Seigneur auec vn visage ioyeux, & particulierement le bon P. F. Pierre, qui venoit à cheual disãt l'office. Bien peu apres arriuant au lieu, ou le seruiteur de Fazambure attendoit, le P. Pasy fit arrester les soldats, & ayant mené dans l'Hospital nostre frere Paul, ouyt sa confession de toute sa vie, & puis apres celles des deux autres; lesquels ayãs finy leur confession feirent les vœux accoustumez de nostre Compagnie: ledit Pere les embrassant au nom du Pere Vice-Prouincial.

Tandis que le Pere Pasy confessa trois freres, quelques vns de leurs Compagnõs qui estoient demeurez au chemin, se mirent à genoux disant leur Chapelet. Les autres assis se recommanderent à nostre Seigneur, & entre-eux mesmes reciproquement s'encourageoient au martyre. Le P. Pasi les laissant en si sainctes occupatiõs, s'en alla en diligẽce trouuer Fazãbure qui estoit ja sur le lieu de l'executiõ, pour luy demãder congé de les ayder encore à biẽ mourir. Ce qui luy fut permis, quoy que mal volontiers. Cependant le P. Rodrigues s'employa à reconcilier quelques vns, & exhorta les autres par aduertiſſement deuots à la ſaincte perſeuerance. En fin le commandement arriué, qu'ils attendoyent de Fazambure, ce fut choſe digne de voir l'allegreſſe, auec elle tous ſe leuerent en pieds treſ-promptement, & ſ'acheminerent vers les croix. Fazambure les voyãt venir ainſi allegres & comme en feſte, en demeura tout eſtõné & ne pouuant en imaginer la cauſe demanda au P. Paſy, d'où cela leur venoit, il luy fut bien declaré par ledit Pere, mais luy qui ne comprenoit pas les choſes ſpirituelles, la raiſon, fit-il, en ſera treſbonne, mais pour maintenant ie n'en deſire aucune d'icelles.

Puis le meſme P. traictant de deliurer ces deux qui auoyent eſté prins en chemin, & n'eſtoyent cõprins en la ſentence du Roy, Fazambure reſpondit, que quoy qu'ils ne fuſsẽt en icelle; toutesfois pour luy auoir eſté conſignez par les Miniſtres du Roy, acte en ayant eſté retenu, il ne pouuoit manquer à l'execution. Et le Pere repliquant qu'il attendit au moins iuſques à ce que la reſpõce en vint de Gibonoſcio: ie ne le puis encore, dit Fazãbure. Car on ſoupçonneroit que i'aurois receu pour cela quelque preſent. Tellemẽt que tous moyẽs essayez pour sauuer ces deux (lesquels auec grand' raison nous pouuons appeller Adioutez) reüssirent vains, ainsi le disposant la sagesse profonde de celuy qui regit tout.

Monseigneur l'Euesque estoit en ce temps mesme à Nangazaqui, mais à cause de la deffence de Fazambure, ne pouuant comparoistre au lieu de l'execution, il enuoya par homme exprez sa benediction à tous, & nommément aux Peres Cordeliers, adioustant paroles pleines de Charité & amour. Le Pere Commissaire le remercia beaucoup au nom de tous les siens, luy demandant en outre pardon, pour n'auoir esté si obeyssant à sa Seigneurie, qu'ils eussent deu.

Comme ces vingt six furent mis en croix.

CHAP. XIIII.

FAzambure s'estoit resolu de faire mourir ces personnes au lieu ordinaire des malfaicteurs, ou quelques croix estoyent encores en pied, mais à la requeste des Portugais, il fut contrainct changer d'aduis. De l'autre costé du chemin tirant

tirant à la mer il y auoit vne colline auec vne planure suffisãte pour 26. croix, ayãt les montées de la façon du mont de Caluaire, & qui se voyoit de tout Nangazaqui. Ce fut là donc ou Fazambure fit porter les croix, pour cõtenter les Portugais, comme nous disiõs: lesquels en memoire de ces heureux champions de nostre Seigneur pretendoyent d'y bastir auec le temps vne Eglise, & l'appeller nostre Dame des Martyrs.

Les croix dont les Japponnois vsent à punir les malfaicteurs, ont deux trauers, l'vn aux bras & l'autre aux pieds, sur le millieu d'icelles y a vn autre bout de bois, qui ayde à soustenir le poix du corps le patient estant dessus comme à cheual, de sorte que chasque croix est de quatre pieces.

Ils n'ont pas coustume d'encloüer, mais de lier auec des cordes, pieds & mains, ou biẽ auec certaines manicles de fer attachées en ces trauers, ils les arrestent & asseurent en croix. Pareillement ils serrent le col auec vn collier de fer cloué au bois & auec des cordes lient au trauers du corps & au bras entre l'espaule & le coude, de façon que tout le corps se soustient bien. Ils plantent par apres la croix dans sa fosse, l'asseurãt auec des pierres, & force terre: Puis le bourreau venãt auec vne lance bien affilée faicte en façõ d'vne espée à deux mains emmanchée, frappe celuy qui est en croix au costé droict: tellement que le coup passãt iusques au gauche, perce le cœur. Quelquefois ils sont deux bourreaux, qui transperçant en vn mesme temps, l'vn & l'autre costé, viennent à former comme vne croix de leurs deux lances, qui se rencontrent. Ainsi les pauures blessez rendent le dernier souspir en vn moment, auec vn grand ruisseau de sang. Que s'ils ne meurent pas soudain, le bourreau tourne à redoubler les coups, & ainsi ils trespassent.

Donc ces vaillans guerriers estans arriuez au lieu desseigné. Fazambure mit les gardes d'harquebusiers & lãciers tout à l'entour de la colline, loing des Croix sept ou huict pas; ne permettãt qu'aucun autre s'en approchast que les Ministres de la Iustice, le Pere Pasy, & le P. Rodrigues. A l'entrée de ce camp clos, la premiere veuë des croix causa vne nouuelle ioye à ces Cheualiers de nostre Seigneur. Le P. F. Martin entonna à haute voix le cantique *Benedictus Dominus Deus Israel*. Le P. F. Pierre estoit les yeux fichez au Ciel cõme rauy en profonde contemplation. Le petit Loys demanda quant & quant, quelle estoit sa croix, & luy ayant esté monstrée, s'encourut vers elle par grande deuotion & ferueur, ainsi ils furent tout aussi tost attachez aux croix, chacun ayant son Ministre ou bourreau auec tout ce qu'il luy falloit. Et les voila donc haussez au mesme instant & mis de rang en file, & comme en haye, selon l'ordre qui s'ensuit.

Ils estoyent distans l'vn de l'autre enuiron trois ou quatre pas le visage tourné vers Nangazaqui. Dix Iapponnois estoyent à main droicte des Peres Cordeliers: à la gauche dix autres, comprins les trois de la Compagnie: & commençãt du costé d'Orient le premier estoit Frãçois, lequel venant pour seruir & assister les Peres Cordeliers fut retenu des soldats, comme auons dit. Et n'y auoit que huict mois qu'il estoit baptizé. Le second estoit Cosme Tachegia, du Royaume de Oari baptizé aussi n'y auoit gueres, & son mestier estoit de fourbir & aiguiser les Cimeterres. Il auoit esté prins en Ozaca auec Frere Martin, comme il seruoit de Truchemẽt à ces peres. Suiuoit en troisiesme lieu Pierre Suchegiro, vn des deux qui alloyent pour aider les prisonniers. Le 4. estoit Michel Cozachi du Royaume d'Isce qui estoit faiseur de traicts. Le 5. estoit Iacques Gizai de nostre Compagnie aagé de soixante quatre ans ancien Chrestien, & de bon exemple, qui s'estoit rendu à nostre maison pour se donner du tout à Dieu, ou il auoit soing des estrãgers auec vne merueilleuse charité. Il estoit singulierement deuot de la Passion de nostre Seigneur. Venoit apres Paul Michy Iapponnois de 33. ans, baptizé en son enfance & receu en la Compagnie il y auoit 11. ans: il estoit Predicateur & fort zelé du salut du prochain, cõme il se pourra aucunement recueillir de cecy: c'est q̃ dix ou douze iours deuant que les gardes fussent posées à nostre maison d'Ozaca rencontrant la Iustice qui menoit à la mort vn Payen, ie ne sçay pour quel crime, il fendit la presse d'vn grãd courage, & vint iusques au patient, auquel preschãt iusques au lieu ou on luy deuoit trancher la teste il fit tant qu'il creut la verité, & receut le Baptesme, & auec Iesus & Marie à la bouche passa à vne meilleure vie.

Paul Ibarchy estoit au 7. lieu, natif de Dry & de frais baptizé. Le 8. estoit Iean, du pays de Gotto aagé de dix-neuf ans, esleué en la foy dés sa ieunesse & receu en fin en nostre Compagnie comme auons dit. Le 9. estoit Loys ieune garçon d'onze à douze ans, lequel auoit prins le Baptesme quelque mois deuant. Il auoit vn esprit viuace, & estoit nepueu de Paul Ibarchy susdit. Le 10. estoit Anthoine de Nangazaqui garsonnet d'enuiron treize ans d'vne nature fort candide. Le 11. estoit P. F. Pierre, de l'Euesché d'Auila, homme de 48. ans bon Religieux, docte prescheur & zelateur des ames. Le 12. Frere Martin de l'Ascension natif de Varãguela en Biscaye aagé de 30. ans, & venu l'an passé 96. au Iappon auec le Pere François Blanc. Le 13. estoit Frere Philippe de Iesue Mexicain, lequel arriué auec le nauire fracassé à Toza s'en estoit venu à Meaco pour prendre les Ordres de Monseigneur l'Euesque & s'en retourner soudain à Manille, d'ou le superieur l'enuoyoit à la Nouuelle Hespagne pour mesme effect. Le 14. estoit Frere Gonzale Garsie de Bazain, en l'Inde Orientale, lequel passant du Iappon à Manille y auoit prins l'habit de Sainct François, il preschoit en Iapponnois auec grand ferueur. Le 15. estoit le Pere F. François Blanc de Monterei en Galice homme aussi de 30. ans, ou enuiron. Le 16. Frere François de S. Michel de Parrille pres Vualiadolit d'enuiron 53. ans, bon & humble Religieux comme il le monstra, iusques à la mort. Le 17. Mathias nouueau Chrestien, & duquel nous auons assez parlé cy dessus. Le 18. Leon Carainmaro de Gacy, Chrestié depuis sept ou huict ans, principal Truchement des P. Cordeliers, & addóné aux œuures de charité, nommément vers des incurables. Il estoit le plus ieune frere de Paul Ibarchy susdit, & oncle du petit Loys. Le 19. Bonauenture de Meaco, lequel ayant receu le Baptesme en son bas aage, & delaissé pupil bien tost apres, s'estoit retourné faire Bonze, mais en fin se souuenãt vn iour qu'il estoit baptizé, il se recõcilia à la saincte Eglise par le moyen des Peres Cordeliers, ausquels apres seruant il merita vne si heureuse & bõne aduenture. Le 20. estoit Thomas Cozachy fils de Michel Cozachy susdit de l'aage de 15. ans. Le 21. Ioachin Saccachi Barra homme de 40. ans. Le 22. François Medecin de quarante ſix ans. Le 23. Thomas d'Anochi Danchi vieux Chreſtien, Truchement auſſi des Cordeliers. Le 24. Iean Chimoya. Le 25. Gabriel du Royaume d'Iſce aagé de dix-neuf ans. Le dernier fut Paul Surqueſi de Oary interprete encore deſdits Cordeliers.

En ceſt ordre dõc les Croix eſtans plãtées, ce ne fut pas peu de merueille voir la cõſtãce d'eux tous; à laquelle partie le P. Paſy, partie le P. Rodrigues les animoit. Le P. Cõmiſſaire fut touſiours, cõme immobile regardãt au ciel. F. Martin chantoit en action de graces quelques Pſeaumes à la diuine bonté; y adiouſtãt ce verſet *In manus tuas Domine*. Frere François Blanc à haulte voix remercioit pareillement la bonté diuine & frere Gonzale à pleine voix auſſi diſoit le *Pater noſter*, & l'*aue Maria*. Noſtre frere François Paul Michy ſe voyant en la plus honorable chaire, qu'il eut oncques durant ſa vie, preſchant aux aſſiſtans, qu'il eſtoit Iapponis & de la Compagnie de Ieſus, qu'il mouroit ſeulement pour auoir preſché le S. Euangile & qu'il remercioit noſtre Seigneur d'vne faueur ſi ſinguliere, adiouſta ces parolles formelles. Me retrouuant icy en ce poinct, vous pouuez bien croire, que ie ne vous dy pas mensonge ie vous fay assauoir, qu'il ny a poinct d'autre chemin de salut, que celuy du Christianisme. Iceluy me commandant de pardonner aux ennemis, & à ceux, qui m'offancent, ie pardõne au Roy & à tous ceux, qui ont eu part à ma mort, & les prie de se faire baptiser, de là tournant le visage vers ses Compagnons, commença de les encourager à ce dernier pas. On descouuroit au visage de tous dix vne grande ioye, & principallement & extraordinairement au petit Loys, auquel cõme vn autre Chrestien, disoit, que bien tost il se trouueroit en Paradis, iceluy des doigts, & mouuemens du corps faisant signe d'allegresse, Il ny eut celuy des spectateurs, qui ne s'en esmerueillast. L'autre qui estoit à costé de Loys haussant les yeux au ciel, apres auoir inuoqué le tres-sainct nom de Iesus & de Marie, entonna le Pseaume, *Laudate pueri Dominum*, qu'il auoit apprins dans Nangazaqui à la doctrine Chrestienne, ou les Nostres enseignẽt aux enfans quelques Pseaumes propres d'icelle. Finalement les autres recitoient. *Iesus & Marie* auec vn visage serain. Les autres exhortoyent les assistans à viure vertueusement, & auec telles autres actiõs monstroient la promptitude, de laquelle ils mouroient.

Sur cela les quatre bourreaux commencerent à tirer leur lances hors des fourreaux, Car il se faict ainsi au Iappon. A cest horrible spectacle tous les Chrestiẽs s'escrierent à haute voix, *Jesus Maria* & s'esleua soudain vn cry accõpagné de pleurs, qui alloit iusques au ciel. Les bourreaux frappãt l'vn apres l'autre ceux qui estoient en croix, les despecherent bien-tost en deux coups, les redoublant à ceux, qui ne mouroient pas si tost. La vous eussiez veu la ferueur des Chrestiẽs, lesquels ne se soucians nullement des bastonnades, se fourroient parmy les Ministres, qui pour baigner ses mouchoirs au sang des Martyrs, qui pour le recueillir au pan de leur robbe, qui pour prendre quelque chose d'iceux, comme pour relique. Telle fut la fin des Cheualiers de Iesus-Christ, lesquels combatans valeureusement remporterent de leurs ennemis vne glorieuse victoire. Et affin que leur innocence fut à tous plus congneuë, Dieu voulut que Fazambure fit dresser au mesme lieu la picque auec la sentence susdicte.

De la pieté, que les Chrestiens monstrerent apres la susditte execution.

CHAP. XV.

QVoy que Fazambure se courrouçast fort auec ceux, qui par vn S. effort, & violence auoient pourchassé quelque relique de ces seruiteurs de Dieu, & qu'à ceste occasion il commandast aux soldats de les faire à grands coups tourner tous à Nangazaqui : ce neantmoins apres qu'il fut retourné chez soy, il sortit tant de personnes de la ville, pour tailler quelques petits morceaux des vestemens de ces heureux crucifiez, que plusieurs d'eux en demeurerent bien peu decemment, & mal couuerts. Particulierement les neuf Religieux. Parquoy il fut necessaire que le pouruoyeur de la Misericorde, officier de ceste Confrairie, les fist recouurir, auec certaines nattes. Car si c'eust esté auec d'autres habits, on leur en eut faict tout autant.

Auec la mesme deuotiõ tant de Chreftiens y accoururent d'autres quartiers fort esloignez, que Fazamburc fust contrainct de redoubler les gardes au passage, protestant aux Capitaines que si pas vn des vingt six crucifiez se trouuoit à dire, il leur en iroit de la vie. Mais ceste rigueur ne suffit point encore pour empescher leur grande deuotion, attendu que plusieurs soubs pretexte d'autres affaires se destournoient celle part, pour reuerer seulement les reliques des seruiteurs de Dieu. Plusieurs autres circonstances pourroient estre adioustées en ce subiect, que ie laisse pour estre court. Seulement ie diray que le fruict qu'on à tiré de ceste mort glorieuse, à esté vne confirmation des Chrestiens tant vieux que nouueaux en nostre S. Foy, auec des vifs desirs du salut eternel, & ferme resolution d'exposer la vie pour la confession de la foy Chrestienne. C'est aussi maintenant, que le peuple se prend garde, & entend le pronostic des croix retrouuées miraculeusement l'vne en O hama l'an 89. & l'autre, en Faconda l'an 92. Dont vn chacun a ferme esperance d'vne moisson fort abõdante: voire encores les Gentils, qui se trouuerent presents à tel spectacle.

ſont extremement edifiez de la ioye auec quoy ces 26. Seruiteurs de Dieu eſtoyent en croix, de la conſtance auec laquelle ils enduroyent la mort, comme eſtans aſſeurez de paruenir à ce loyer qui ſurpaſſe de beaucoup tout ce qu'entendement creé pourroit comprendre. Et deſia quelques vns ſont venus à Nangazaqui pour receuoir le Sainct Bapteſme, lequel ils demandoyent auec grande inſtance.

FIN.

www.ingramcontent.com/pod-product-compliance
Ingram Content Group UK Ltd.
Pitfield, Milton Keynes, MK11 3LW, UK
UKHW021109220726
13924UKWH00004B/1611

9 782019 917401